Georg Christian Crollius

Zweibrückische Feier der zu Mannheim den 17 Jenner dieses Jahres geschehenen höchstbeglückten kurfürstlich sächsischen und pfalzgrävlich Zweyirückischen Vermählung

Der glänzende Beweiß der erneuerten Güte des Höch=
sten, welche uns durch die wiederkehrende Frölichkeit
unsers Durchlauchtigsten Regentenhauses beglückt, ·
verherrlichet dieses Jahr in den Denkmahlen der Geschichte.
Unsere Nachkommen und die edle Sachsen werden den 17
Jenner segnen, an welchem die festliche Freuden der Pfälzer
durch die höchste Vermählung des Durchlauchtigsten Kurfür=
stens, FRIEDERICHS AUGUSTS, Her=
zogs der Sachsen, mit der Durchlauchtigsten Pfalzgrävin
bey Rhein, AMALIA AUGUSTA, Herzogin in
Bayern, vollkommner, die Freundschaft der Pfälzer und Sach=
sen erneuert, und die Hofnungen der Völker befestiget wor=
ben. Unsere glückliche Nachbarn, durch die zärtlichste Liebe
ihrer Durchlauchtigsten Fürsten gegen die Unserige berechtigt,
haben uns zwar die Herrlichkeit einer so frölichen Feyer ge=

rau=

raubet. Wir aber seufzeten in ferner Stille die feurigste
Wünsche zu dem Allmächtigen, daß er Ströme des himmli-
schen Segens aus ewigen Quellen sich auf das Höchste Paar
ergiessen lassen wolle, in welchem der frolockende Unterthan
und der bewundernde Frembling eine Verbindung der erhabensten und sanftesten Tugenden erblickt, und nun auf glück-
lichere Zeiten hoft. Sollte aber unsere Fürstliche Schule,
die sich unter dem nährenden Schutze des weisesten, gütigsten
und grosmüthigsten Fürsten von neuem bey einem höchsttrau-
rigen Anlaß verpflichtet hat, keine grosse Begebenheit, die
in unserm erhabensten Fürstenhauß unser Schicksal entscheidet,
ohne redende Empfindungen vorübergehen zu lassen; sollten
Wir jetzo unsere Wünsche und die Regungen der lebhaftesten
Freude in unsern Herzen verschliessen? Reden wir gleich die
frölichste und zärtlichste Empfindungen unserer Seele später,
so ist es ein grösserer Beweiß ihrer Aufrichtigkeit.

Es mögen der Pracht und der Glanz begeisternder Freuden vergehen, so flößt uns doch die unterthänigste Treue un-
aufhörliche Wünsche ein, vor die Wohlfahrt der Fürsten,
denen unsere Herzen gehören. Indessen danken wir den be-
nachbarten, besonders den würdigern Musen, die den gerech-
testen Antheil an unserer Freude genommen, und die erneuerte
Freundschaft der Pfälzer und Sachsen als eine Epoque der
befestigten Wohlfahrt Teutschlands und beyder Völker in ihren Annalen merkwürdig gemacht haben. Wir aber wid-
men den 17 Merz zur feyerlichen Gedächtniß dieser höchstbeglückten Verbindung, und wissen, daß der treue Eifer unserer

❖ (o) ❖

ter Schule alle die, so das Glück des Vaterlands unter dem besten Fürsten empfinden, (und wer preiset es nicht?) bewegen werde, uns durch ihre hohe und ehrende Gegenwart zu belohnen.

Ich werde demnach an besagtem Tage um 2 Uhr diese feyerliche Handlung als Vorredner eröfnen, und zugleich einen frölichen aber ehrfurchtsvollen Blick auf die Vorsehung GOttes in dem immer größeren Flor unsers erhabensten Fürsten Geschlechts thun.

Nach dieser kurzen Anrede in teutscher Sprache wird

Herr Consistorial = Assessor und Professor Erter in einer lateinischen Rede die wieder freudige Sprache der Zweybrücker und Pfälzer führen, und besonders von denjenigen Pfälzischen Prinzeßinnen / welche die Höch-ste Häuser der Könige und Fürsten Europens und durch sie die Völker gesegnet haben / Anlaß zu den treuesten Wünschen nehmen.

Johann Friederich Hahn / von Giessen, ein geistvoller Schüler der ersten Ordnung, wird in einer teutschen von ihm selbst verfertigten Ode die froheste und treueste Wünsche unserer Schule erschallen lassen.

Darauf wird aus denen, welche sich zu den höhern Studien glücklich vorbereitet haben, ein dem Durchlauchtigsten

)(3 　　　　　　Hauf

◆ (o) ◆

Hause besonders und devotest verpflichteter Jüngling, Karl Christian Friederich Moser, von Lichtenberg, in einer lateinischen Rede wagen, fürnehmlich unter den Fürtreflichkeiten der von dem mächtigsten Kurfürsten getroffenen höchsten Wahl diejenige vorzustellen, welche die Geschichte in der **Königlichen Hoheit des Rheinfränkisch Pfalzgrävlichen Geschlechtes** erkennen laßt.

Fortunatus Karl Wilhelm **Sturz** eine Zierde unserer Schule wird in einer französischen **Ode** die Wohlthätigkeit in der Sprache der Musen diese höchst glückliche Verbindung preisen lassen.

Aus der dritten Ordnung werden nach der Anleitung ihres geschickten und eifrigen Lehrers, Herrn **Bergkmanns** drey muntere Jünglinge herfürgehen, um gleichsam ein Nachspiel zu machen

Franz Anton Joh. Wilhelm **Hahn,** von Giessen.
Franz August Wilh. **Ravanel,** von Zweybrücken, und
Philipp Ludwig Tileman **Spangenberg,** von Kussel.

Nachdem die zwey erstere in einer Unterredung die Vorzüge öffentlicher Schulen der eine bestritten und der andere vertheidigt haben werden, so wird der letztere beym Schluße derselben Gelegenheit nehmen, diese frohe Handlung unserer Schule frölicher zu schliessen.

Die Handlung selbst wird um zwey Uhr nachmittags angehen.

✥ (o) ✥

Da aber auch auf eben diesen Tag, als den 17. Merz, unsere gewöhnliche Frühlings-Promotion und sonstige Red-übungen fallen, so werde ich morgends um 9. Uhr diese Hand-lung vornehmen,

Und zuerst diejenige Jünglinge der obersten Ord-nung, welche Erlaubniß erhalten, Akademien zu beziehen, wie gewöhnlich eximiren, worauf einer derselben, Johann Adam Weber vortreten, nach eigner Empfindung den auf-richtigsten Dank vor die bisher empfangene Wohlthaten ab-statten, und den wohlgemeintesten Abschied nehmen wird.

Aus der ersten Ordnung wird darauf der nunmehrige erste und in aller Absicht auf das, was einem Jünglinge zur Zierde gereichen kann, empfehlungswerthe

Johann Philipp Daniel Lichtenberger / die fürneh-me Pflicht studierender Jünglinge, die Religion zur Führe-rin ihrer Studien und ihres Berufs zu nehmen, und sich nie von ihr zu verliehren, in einer französischen Rede fürhalten, und zugleich eine Probe ablegen, wie unsere Jünglinge durch die eifrige Unterweisung des Herrn Lectors de Colomb la Barthe in Erlernung dieser Sprache zunehmen.

Als teutsche Redner werden 2 hofnungsvolle Jünglinge der 2ten Ordnung auftretten Philipp Franz Fried. Traut-mann von Zweybr. und Philipp Karl Daniel Patrick / von

An=

❖ (o) ❖

Anweiler, welche nach der Vorschrift ihres Lehrers die **Wahl**-
sprüche der Durchleuchtigsten Pfalzgraven bey Rhein
vortragen, und aus denselben oft glücklich den Character derselben bestimmen werden.

Nachdem wir endlich diejenige, welche verdient haben,
in höhere Klassen befördert zu werden, aufgerufen, und die uns
aus höchster Fürstlichen Milde verwilligte Belohnungen unter die, so ihrer nicht unwürdig seyn wollen, ausgetheilt haben werden, so wird einer der wohlgeartetsten Jünglinge aus
der 2ten Schule,

Johann Ludwig **Fisserius** / der sich sogleich empfehlen
wird, mit dem lebhaftesten Dank die Freygebigkeit des Durchlauchtigsten Erhalters unserer Schule verehren, und zugleich diese Handlung geziemend beschliessen.

Von
Vermählungen Herzoglich Fränkischer
und
Rheinpfalzgräflicher Erbprinzessinnen
mit auswärtigen Fürsten
als einem Grund ihrer Nachfolge in die
Rheinpfälzische Lande
auf erfolgten gänzlichen Abgang des Mannsstamms.

§ 1

Man darf sich nur in der Geschichte der Pfalzgravschaften in Teutschland umgesehen haben, so lernt
man auch, daß diese früher als andere Aemter
des Reichs erblich geworden, ja, daß auch selbst nach Abgang eines Mannsstamms die Erbfolge der Töchter in denselben, gleich als in einem Patrimonialgut, in der Maaße
statt gefunden habe, daß sie selbige durch Vermählung mit-
bringen können. Die Pfalzgrävlich Sächsische Geschichte
liefert uns einen deutlichen Beweiß in dem Uebergang der
Sächsischen Pfalz aus dem Goseckischen Hause an den Graven Friedrich von Sommersenburg, der sogar seinen unmündigen Vetter den Goseckischen Pfalzgrav Friedrich von Putlendorf von dem Amt der Pfalzgravschaft als älterer Ver-

A   wand-

wandter endlich ausschliessen durfte (a). Der Landgrav
Hermann I von Thüringen hatte gleichfalls durch seine erste
Gemahlin, eine Erbtochter Pfalzgrav Friedrichs V aus
dem Hause Goseck und eines Sohns von jenem Friedrichen
von Putlendorf, nicht allein dessen Erbschaft, sondern auch
nach unbeerbtem Abgang des letzten Pfalzgraven aus dem
Sommerseburgischen Hause die Pfalz Sachsen selbst im Jahr
1180 erhalten. Der Erlauchte Herr Grav du *Buat* ver-
vielfältigt zwar die Vererbungen der Bayrischen Pfalzgravschaft durch Erbtöchter vielleicht zu sehr (c); allein dieses mag
doch gewiß seyn, daß solche endlich wieder durch Heurath an
die Graven von Scheyrn, als Abkömmlinge der ältern Herzoge und Pfalzgraven in Bayern gebracht worden (d).
Wenn die Geschichte der Bayrischen sowohl als Schwäbischen Pfalz durch neue Entdeckungen zusammenhängender
werden sollte, so zweifle ich nicht, daß diese Vererbung der
Töchter sich durch eine vollständigere Induktion bestättigen
werde. Wenigstens ist die Erblichkeit der Niederlothringi-
schen

(a) Siehe *Meibom* in Chron. Marienthal. Scriptt. T. III, p. 254
 Heydenreich Hist. der Pfalzgraven in Sachsen p. 96 · 103.
(b) Siehe insonderheit *Struv* diss. de Comitia Pal. Sax. p. 14.
(c) Siehe die von ihm behauptete Fälle beysammen in Origg. Boic.
 L. IX Tab. XXII, T. II, p. 134.
(d) Gedachter Herr Grav von *Buat*, wie er durchgehends die Erblichkeit der Bayrischen Pfalzgravschaft zu erweisen sucht, so sagt er
 auch T. II, p. 342: *Nempe solemue iam erat, ut baec Comiti-
 va feminas sequeretur.*

schen Pfalz zu Aachen von ihrem Anfang an vollkommen gewesen (e), und die oberste Rheinfränkische Pfalz zeigt uns drey Beyspiele von der Erbfolge durch Töchter.

§ 2

Ich habe schon anderswo mich erklärt, in wiefern ich glaube, daß die in dem zehnten und eilften Jahrhundert so berühmte Fürsten der Franken und Herzoge des Rheinischen Frankens die obriste Pfalz des ganzen Reichs und besonders die Oberdomanialrichterstelle in dem sonst der Königen unmittelbar unterworfenen Rheinischen Provinz besessen haben (f); und Beweise geführet, daß man in den Rheinschen

(e) Pfalzgrav Ezo folgte seinem Vater Hermann I *iure paterni sanguinis*, siehe *Monachum Brunwill.* in vita Ezonis & Math. cap. II in *Leibnitz* Scriptt. T. l. p. 314. Otto wiederum seinem Vater Ez., siehe ebendaselbst cap. III. Daher urtheilt der Meister in der Geschichte und dem Staatsrecht älterer und neuerer Zeiten, der Herr von Pfeffel in seinem Abregé Chronol de l'histoire & du droit public d'Allemagne edit. II, p. 152 von der Successionsformul der Pfalzgravschaften also: Cependant nous voyons les fils succeder à leur Pere dans ce gouvernement, non pas par une simple grace des Empereurs, mais par le droit du sang & d'heritage. Nous trouvons même que souvent ils en ont disposé par testament, ou qu'il a passé d'une maison à une autre, par les mariages de leurs filles.

(f) In der Abhandlung von dem Ursprung und Amte der Provinzialpfalzgraven in Teutschland, III Abth. § II in dem IV Band der Abhandlungen der Kurbayerischen Akademie p. 143-146.

A 2

schen Pfalzgraven seit der Verbindung der Aachischen Pfalz
mit einem Erbtheil der Rheinfränkischen Lehen Erb und Ei=
gen in dem Herzogen und Pfalzgraven Konrad vom Jahr
1156 an die wahre Nachfolger der Herzoge der Franken,
als der fürnehmsten Fürsten des Reichs zu verehren habe (g).
Ich setze dieses System, dessen Beweiß vollständiger werden
wird, seitdeme er von der fürtreflichen Kurpfälzischen Aka=
demie, als eine Preisfrage aufgegeben worden, hier voraus,
da diese Schrift einem andern Zweck gewidmet ist.   So wür=
de aber die Vererbung der Länder, Gravschaften, Lehen,
Rechte und Vorzüge der Rheinfränkischen Herzoge, welche
nach Abgang Herzog Konrads des jüngern von der Salisch
Wormsischen Linie seit dem Jahr 1039 in der Speyerischen
oder Königlichen Branche vereinigt waren, durch die Schwe=
ster des letzten Salischen Kaysers Heinrichs an Friedrichs
von Hohenstaufen, Herzogen in Schwaben, Söhne uns
den ersten Fall an Hand geben.

§ 3

Schon unter König Heinrich dem IIII führte dessen Ey=
dam Friedrich von Hohenstaufen nebst dem ihme verliehenen
Herzogthum Schwaben auch das Amt eines Herzogen der
Fran=

(g) Siehe überdis noch meine Abh. von dem Ursprung des Pfälzischen
    Münzregals in dem ersten Theil der Schriften der Duyßburgi=
    schen Gesellschaft 1761 X Abhandlung § 6 p. 92-97.

Franken (h). Seitdem wurde das von ihm abstammende
Geschlecht für ein Fränkisches angesehen, und die vorzügli=
che Hoffnung zur Krone war auf entstehenden Fall den Frän=
kischen Fürsten noch eher eigen, als den Sächsischen Für=
sten (i). Auch sein Bruder Ludwig schien Theil daran genom=
men zu haben. Die Treue der Staufischen Herrn sowohl als ih=
re Tapferkeit, welche sie König Heinrichen IIII so angenehm ge=
macht hatte, daß er ermeldten Friedrich von Staufen zu seinem
Eydam und Herzogen in Schwaben wählte, ward auch in dem
Bruder mit der Pfalzgravschaft belohnt(k). Noch ist es ein
Räth=

(h) Siehe den Lorchischen Stiftungsbrief vom Jahr 1102 in *Petri*
Suevia eccl. p. 563.
(i) In dem Auctario Gembl bey *Miraeo* in vetust. Chron. unterm
Jahr 1138 ist folgende merkwürdige Stelle: *Non ferentes Principes Teutonici regni aliquem extraneum a stirpe regia sibi do-
minari, regem constituerunt sibi Conradum, virum regii generis.* Diese Principes Teutonici waren die Fränkische Fürsten
in Francia Teutonica oder Rhenana; wie solches aus der Spra=
che damaliger Zeiten erhellet. Vorher hatte es noch geheissen:
Sueviam regalis stemmatis omnino esse alienam, siehe selbst den
Conrad Ursperg. Chronogr. Saxo unterm Jahr 1077. Darum
mochte Friederich zu einem Herzog der Franken erkläret worden
seyn, damit er eine besser gegründete Hofnung zur Krone hätte.
Den Herzogen Eberhard suchte insbesondere der Lothringische
Herzog Giselbert durch den Vorwurf zu rühren: cur honorem
suum alieno dedisset.
') Siehe die doppelte Urkunde in **Schannats** Vindem. Coll. I,
p. 62 sq. N. XVIII.

A 3

Räthsel, wo dieser im Jahr 1103 verstorbene Pfalzgrav Ludwig
von Hohenstaufen seine pfalzgrävliche Legation ausgeübet habe.
Ich wage daher eine Muthmasung, woburch man vielleicht auf
gewissere Spuren gelangen kann. Im Jahr 1047 war der
bisherige Markgrav in Frankonien, Otto von Schweinfurt
zu einem Herzogen in Schwaben, als ein weiblicher Ab-
kömmling der Salischen Herzoge in Schwaben (1), ernannt
worden, und im Jahr 1057 war er, ohne männliche Erben
zu hinterlassen, verstorben. Seine fünf Töchter theilten sich
in seine Fränkische Erblande, worunter auch selbsten die
Markgravschaft Chamb gehörte; aber seit eben der Zeit sieht
man keine Markgraven von Ostfranken mehr. Ich vermu-
the daher, daß der nunmehrige Herzog Otto von Schweinfurt, gleichwie sein Vorfahrer Pfalzgrav Otto bey seiner
Erhebung zum Herzogthum die Pfalzgravschaft seinem Vetter Heinrich überlassen, also auch das Lehen der Ostfränki-
schen Markgravschaft dem grosen Kayser Heinrich dem III
aufgeben müssen; daß ferner dieser monarchisch gesinnte Herr
von der Zeit an diese vorher Bayerische Markgravschaft zu-
rückbehalten habe, und Frankonien damals gleich dem würdigern

_____

1) Nach der ungemein glücklichen Ableitung, welche ihm der fürtrefliche Herr von Pfeffel gegeben, in der ersten Abhandlung von den
alten Margrafen auf dem Nordgau § XI-XIII in der Bayrischen
Abhandlungen I Band p. 183-186, wie er denn höchst wahrscheinlich behauptet, daß das Herzogthum Schwaben eine Art Weiberlehen gewesen.

digern Rheinischen Francien eine unmittelbare Provinz geworden seye. Der erhabne Gelehrte und Staatsmann Herr von Pfeffel muthmasset eben deswegen, daß die besondere Markgrävliche Lehen in das neue Herzogthum Franken, dessen man seitdem gewahr wird (m), geschmolzen worden seye (n). Ich verstehe darunter dasjenige Herzogthum, welches Friedrich der I Herzog in Schwaben, zugleich in Ostfranken besessen, und ihm laut dem Stiftungsbrief des Klosters Lorch den Titel eines Ducis (Suevorum &) Francorum zuwegegebracht; und in eben diesem neuen Herzogthum, welches vornehmlich die Obervogteyen der Hochstifter Würzburg und Bamberg begriffe, aber durch ihre Immunität der Jurisdiction eingeschränkter war, mag des Herzogen Bruder Ludwig die Pfalzgravschaft besessen haben. Als dieser Pfalzgrav schon im Jahr 1103 gestorben war, so über-

(m) Er nennt es das Herzogthum Friderichs von Rothenburg, der ein Sohn K. Konrads III war.
(n) Fast auf eben solche Gedanken verfällt der gelehrte J. B. Seidel in der Abhandlung von dem Burggraffthum Nürnberg, 1753 § 4, p. 28 indem er sagt: „Wie es nun, nachdem auch diese „Marckgraffen ausgegangen mit der obrigkeitlichen Verfassung in „unserm Franken ausgesehen, davon lasset sich eine geraume „Zeit durch gar nichts mit einiger Gewißheit darlegen. Ver- „muthlich haben unter der Fränkischen Kayserfamilie die Anver- „wandten dieser Kayser den Meister in Ostfranken gespielet, und „darinnen die oberste gerichtliche Gewalt nach dem Kayser selbst „behauptet.

übergab zu seiner Seelen Heil der Herzog sein Bruder
einen Theil seines Würzburgischen Lehens dem Bischof, um
solches zu dem Kloster S. Stephan zu Würzburg zu schla-
gen. Man sieht hieraus, daß der Herzog von dem Würz-
burger Stifte Lehen in Franken gehabt, und bey seinen
Söhnen sieht man noch deutlichere Spuren des neuen Herzogthums. Dann als er selbsten zwey Jahre darauf verstorben,
so erhielte der ältere Friedrich, der einäugige, das beträchtlichere Herzogthum Schwaben, und der jüngere Konrad das
Herzogthum Ostfranken o). Kayser Heinrich der V dehnte
diesem letztern, seiner Schwester Sohn, das Herzogthum
noch über die Ostfränkische Lande der Würzburgischen Diöces
aus, bis die Jurisdiction über diese dem Bischof wieder gegeben wurde (p). Es lehret nicht allein die Freygebigkeit
des Herzogen und nachherigen Königs Konrads und seiner

Ge-

(o) Darum heißt er in Chron. Halberst. in *Leibnitz* Scriptt. Bruns.
T. II, p. 134 Dux orientalium Francorum.

(p) Auch sogar ältere Schriftsteller, als Conradus Ursperg. haben dieses Würzburgische Herzogthum oder Jurisdiction in den Würzburgischen Stiftslanden mit dem Herzogthum Frankonien ver-
wirrt. Das letztere hatte Konrad schon vor 1116, und also eh
ihm von dem Kayser seinem Oheim auch jene war dazu gegeben
worden, schon gehabt; und als der Bischof solches wieder im
Jahr 1120 erhalten, behielt Konrad dennoch das Herzogthum
in dem noch übrigen Frankonien; siehe Gonne de Ducatu Fran-
ciae orient. § XLIV, p. 105 sq.

Gemahlin gegen das Kloster Ebrach (q), die Stiftung des
Klosters Schestersheim aus eignen Gütern (r), sondern auch
seine in Frankonien gehabte Grafschaft in Kochergau (s), und
ausgeübte Investitur der Würzburgischen Bischöfe, als ein
wichtiges Stück des iuris regii der Herzoge[t] endlich das Zeugniß des Bischofs Otto von Freysingen [u], daß ernelbte beyde Gebrüder Friedrich und Konrad die Burg Nürnberg,
als von Erbrechts wegen besessen haben, daß diese Hohenstaufische Herrn sowohl als ihr Vater nach jenen ältern Markgraven das Herzogthum in Ostfranken gehabt, und die Burg-
graven zu Nürnberg ihre Vikarien gewesen.

§ 4

Als aber K. Heinrich der V den Stamm der Salischen
Kayser beschlossen hatte, so folgten beyde dessen Schwester-
Söhne, Herzog Friedrich in Schwaben und Konrad, Her-

zog

(q) Sie nahm nicht nur als Witwe in Gesellschaft ihres jungen Sohns
    Friedrich daselbsten meistens ihren Aufenthalt, sondern ward auch
    daselbst gleichwie bald darauf ihr Sohn Herzog Friedrich begra-
    ben; S. Notitia Monasterii Ebracensis in Franconia. Romae
    1739, p 16-19.
(r) Siehe Wibels Hohenloische Kirchen u. Reform. Historie 2 Th.
    Cod. dipl. n. XVII p. 21. Friedrich, Konrads Sohn, hatte sol-
    ches gestiftet.
(s) Siehe die Urkunden K. Konrads vom Jahr 1139 in Ludewigs
    Reliq. Msc. T. II, p. 185 u. Schannats Vind. Coll. II p. 44.
(t) *Annalista Saxo* und *Conradus* Ursp. ad an 1122.
(u) *Otto* Frising. de Gestis Frid. I siehe p. Lib I, cap. XVI, XVII.

B

zog von Oſtfranken auch in die Erbſchaft der Rheinfränkiſchen Herzoge [x]. Dieſes Rheiniſche Francien, welches
im Gegenſatz auf Frankonien, oder Neufrancien, auch
das alte oder weſtliche genennet ward [y], verehrete Fürſten,
welche zwar nur Legaten, Prokuratorn oder Stellbeſitzer der
Könige in einer Provinz waren, deren eigentlicher Herzog
nur der König ſeyn mußte. Aber auch jene, als die die
obriſte Pfalz beſaſſen, und den übrigen Herzogen, die nicht
königlichen Geblüts waren, ſtets vorgiengen, wurden ſeit Anfang des 10ten Jahrhunderts unter dem Nahmen, Herzog
der Franken, bekannter. Wer erinnert ſich nicht unter die-
ſem Nahmen, eines Konrads, nachher des erſten unter
den Königen dieſes Nahmens, und deſſen Bruder Eber-
hards [z], eines Konrads von Worms, auch Herzogen
in Lothringen, und deſſen Sohns Otten von Worms, auch
zugleich zu zwey verſchiedenen mahlen Herzogs in Kärnthen.
Otto ſtarb den 4. Nov. 1004, und hinterließ das Herzogthum

(x) Annal. Saxo ad an. 1127 in *Eccards* Corp. hiſt. medii ævui T. I,.
p. 661 ſq.

(y) Siehe die Zugabe zu der erläuterten Reihe der Pfalzgraven zu
Aachen ꝛc. p. 75-78 nor (h) (k) & (o)

(z) Wenn man *Witicbindum* Corbeienſem unterm Jahr 936 ließt,
ſo ſollte man glauben, daß mehrere Duces Francorum, und Herzog Hermanns in Schwaben Bruder Udo, ein Stammvater
der Fränkiſch Saliſchen Graven und Fränkiſchen Herzoge in
Schwaben auch ein ſolcher geweſen.

thum der Franken seinem jüngern Sohne Konrad [a], weil
der ältere Heinrich bereits im Jahr 989 mit Hinterlassung
Konrads, der unter dem Nahmen des Salickers bekannt ist,
verstorben war. Der Oheim gieng also dem Neveu darinnen
vor [b], und erhielte auch noch das Herzogthum Kärnthen,
starb aber früh im Jahr 1012 mit Hinterlassung eines Prinzen Konrad, der dem Vater im Herzogthum der Franken,
d. i. in den Leben und Würden folgte [c]. Dieser wird insgemein der jüngere, oder auch der Wormser genannt; gleichwie Konrad der Salicker, sein Vetter, der ältere heißt und
von Speyer zubenahmset wird, ein Herr von ausnehmender
Freyheit, vir egregiae libertatis, weil er keine Lehen hatte,
sondern nur patrimonial Herrschaften besaß. Darum war
der

(a) Frölich in Archontol. Carinth p. I. p. 19 beweiset, daß er im Jahr
1004 oder 1005 gestorben seyn müsse. Das Necrol. Fuld. und
Necrol. eccl. Mogunt. setzen den Sterbtag auf II Non. Nov.

(b) In eben dem Jahre 1005 kommt Konrad schon als Dux Austra-
liorum vor, bey dem Anonymo in vita Adalberonis II Epise.
Met. in Labbé Bibl. Msct. T. I, Sect. V.

(c) Unter den Herzogen, welche Wippo in Pistorii script. T. III. p.
462 nennt, ist dieser Cuno Wormatiensis Dux Francorum,
aber nicht Conrad der Salicker, der ältere, als von dem derselbe p. 465 sagt, daß er in Vergleichung mit jenen Herzogen
wenig Lehen und Gewalt, parum beneficii & potestatis, gehabt
habe: Sigeb. Gembl. an. 1024 beschreibt den letztern: virum egre-
gii generis, & egregiae libertatis, quippe qui nunquam se sub-
miserat alicuius servituti. Also war er nicht Herzog gewesen.

der jüngere Konrad von Worms reicher und mächtiger. Ich mußte dieses wenige voraus sagen, weilen ich sehe, daß Pfeffinger [d], Schöpflin [e] und andere besonders in Ansehung der letztern Herren nicht richtig genug lehren. Diese Fürsten der Rheinischen Franken hatten nichts mit den Ostfranken zu schaffen; als welche noch damals einem den Bayerischen Herzogen verpflichteten Markgraven untergeben waren [f]. Der jüngere Konrad von Worms, Herzog der Franken und in Kärnthen, starb im Jahr 1039 den 20 August ohne Erben, nachdem sein Vetter der Kayser Konrad der Salicker schon vor ihm den 4 Junius von dieser Welt abgeschieden war. Des Kaysers Sohn, der grosse Kayser Heinrich der III erbte nun nicht allein die Patrimonialherrschaften, sondern auch die herzogliche Lehen des Wormsischen Konrads. Das Herzogthum involvirte die Landgerichte und Gravschaften, die Stiftsvogteyen und die damit verknüpfte Lehen in dem Rheinischen Francien, nebst andern Vorzügen und Rechten, die auf der obristen Pfalz hafteten und mit dem Amt, und Würde eines Erzschultheissen des Königs in dem

Rhei=

(d) In Vitr. illustr. T. II.

(e) In Alsatia illustrata Tom. II, sect. II geneal. hist. cap. X, p. 601·605.

(f) Wie solches der Herr von Pfeffel unumstößlich dargethan hat in den Abhandlungen der Bayerischen Akademie, 1 Band, Abh. von den Gränzen des Bayerischen Nordgaues in dem 11 Jahrhundert p. 153·170 und in dem 2ten Band p. 185·216.

Rheinischen Francien, vereiniget waren, als dem Erz-
truchseßenamt, dem Wildfangs- und Geleitsrecht ꝛc. Die
Kayser Heinrich der III, IIII und V reunirten also die Königliche und Herzogliche, oder eigentlicher zu reden die Herzogliche und Pfalzgräfliche Gerechtsame und Nutzbarkeiten in
einer Person, und die höhere Würde verschlung die ihr un-
tergeordnete. Nur das Amt eines obristen Richters, *momentum curiae* oder monarchia palatii primarii ward bald
diesem, bald jenem Fürsten aufgetragen, ohne mit allen
Rechten und Vorzügen der ehemaligen Herzoge des Fränkischen Volks begleitet zu seyn [g]. Godfried von Calw,
Pfalzgrav bey Rhein, hatte dergleichen von K. Heinrich
dem II empfangen, und eine Folge davon waren die herrlich-
ste Lehen von der Fürstlichen Abtey Lorsch [h]. Die Schirm-
gerechtigkeit über die Hochstifter Worms und Speyer und
andere hatten die Kayser in Händen behalten, und sie gediehen also, wie wir sehen werden, an die Schwestersöhne des
letzten [i].

Die

(g) Erläuterte Reihe der Pfalzgraven zu Aachen ꝛc p. 8 u. 66.
(h) Siehe das Chron. & Chart. Laurisham. in Cod. Laurisham.
dipl P. I, p. 231.
(i) Friedrich II von Hohenstaufen scheint sogar zu Mainz die Rechte eines
Grosvogts geübt zu haben. Wenigstens scheint solches die diri-
girte Wahl des Erzbischofs Adalberts II von Mainz zu verrathen,
siehe Otto Fris. Lib. I de Gestis Friderici I cap. XXII, p. 418
cf. von *Gudenus* Cod. dipl. Mog. T. I, n. XXII, p. 48,

B 3

§ 5

Die Salische Erbschaft der Hohenstaufischen Herrn erstreckte sich auch ausser dem Rheinischen Francien in das benachbarte Elsaß. Ich muß mich hierüber genauer erklären, weilen der fürtrefliche Schöpflin solches nicht auseinander gesetzt hat. Elsaß war als ein besonders Herzogthum, seit dem ersten Schwäbischen Herzog Hermann aus dem Wetterauisch Salischen Geschlecht [l], bis auf Hermann den III, der aus eben diesem Hause abstammte und die männliche Linie beschloß, stets mit dem Herzogthum Schwaben verknüpft geblieben [m]. Dieser Hermann III hinterließ drey Schwestern als Erbinnen. Durch die älteste Mathild ward nach dem Tod ihres

Bru-

[l] Da nach dem Tod König Ludwig des Kinds 911 der französische Karl der einfältige zwar dem teutschen König Konrad das Lothringische Reich entrissen, dieser aber doch Elsaß und denjenigen Strich Lands, der unter dem Nahmen des Westrichs bekannt ist, noch erhalten, so verliehe K. Konrad diese abgerissene Lande allem Ansehen nach seinem Bruder Eberhard, der daher Brisach in seiner Gewalt gehabt. Nachdem aber dieser in der Rebellion 939 sein Leben verlohren, so scheint K. Otto I die treugeleistete Dienste des Herzog Hermann I in Schwaben damit belohnt zu haben. Wenigstens erscheint erst seitdem Elsaß in Verbindung mit dem Herzogthum Schwaben.

(m) Wie solches noch die Urkunde Bischof Wernhers von Straßburg vom Jahr 1005 in *Guillimanns* Comment. de Episc. Argent. cap. V, p. 45 lehret. Es werden darinn *Hermannus Dux, Ernestus Palatinus* genennt.

Bruders im Jahr 1012 das Herzogthum Elsaß auf ihren
Sohn Herzog Konraben von Worms gebracht, der als Herzog im Elsaß in einer Urkunde des Stifts zu Surburg im
Jahr 1035 vorkommt [n]. Gisela die andere Schwester
brachte das Herzogthum Schwaben an ihren andern Gemahl Ernst, aus dem Markgrävlicher Bamberglsch Oester-
reichischen Geschlecht, dessen beyde Söhne Ernst II und Hermann IV nach einander Herzoge wurden, aber auch ohne
Erben und zwar der letzte im Jahr 1038 verstorben. Wo-
rinn der britten Schwester, welche den Nahmen ihrer Mutter Gerberga getragen [o], und mit dem Markgraven in
Frankonien, Heinrich von Schweinfurth, vermählt gewesen, ihre Erbschaft bestanden habe, laßt sich nicht mit Gewißheit sagen, mag aber meistens in Patrimonialgüter bestanden seyn. Ihr Sohn Markgrav Otto erhielte im Jahr 1047
noch das Herzogthum Schwaben. Mit dem Tode Konrads
des jüngern von Worms würde also der Salisch-Kayserli-
chen

(n) In Königshofens Elsaßischer Chronick edit. Schilter. XVIIII
Anmerkung § XIII, p: 1067. Wann aber eben daselbst gesagt
wird, daß Straßburg in Ducatu Hermanni gelegen gewesen, so
ist solches von Hermann dem II oder III zu verstehen. Schöpflin
räumt zwar dem Fränkischen Konrad ebenfalls eine Stelle unter
den Herzogen in Elsaß ein, T. II p. 545, bringt aber auch vor
ihm noch die Schwäbische Herzoge Ernst den I und II in die Reihe,
von welchen doch die Elsaßische Denkmahle nichts haben.

(o) Wie oben § 3. not. (l) schon angeführt worden.

chen Branche auſſer dem Herzogthum der Rheiniſchen Franken auch das Erbherzogthum Elſaß beimgefallen ſeyn. Da-
hingegen die Halbſchweſtern deſſelben, Beatrix und So-
phia [p], welche die Mathild mit ihrem andern Gemahl
Friderichen von Barr, Herzogen von Lothringen, gebohren
hatte, mit mütterlichen Erbgütern verſorgt geweſen. In-
deſſen mag es mit dem Herzogthum Elſaß ſeyn, wie es will,
ſo iſt ſolches auch an die Hohenſtaufiſche Familie mit andern
Erbgütern gediehen. Der erſte Hohenſtaufiſche Herzog, welcher

---

(p) Beatrix ward eine Gemahlin des Markgraven Bonifacius von
Eſte und die Mutter der berüchtigten Markgrävin Mathild. So-
phia vermählte ſich mit Ludwigen von Mümpelgard und Monjon
und war die Stamm Mutter der Barriſchen, Mümpelgardiſchen
und Pfirtiſchen Graven Geſchlechter. Noch eine 3te Tochter der
Saliſch Schwäbiſchen Mathild, und eine Halbſchweſter des Fränkiſchen Herzogs Konrad von Worms, Petronix ward die Gemäh-
lin eines vornehmen Elſaßiſchen Graven Gerhard des I im Nordgau, wie Schöpflin zuerſt gezeiget hat T. II Sect. II, § XLV
ſq p. 483 ſq. Von dieſer letztern ſind die erſten Landgraven in
Elſaß entſproſſen. Die unvergleichliche Urkunde K. Konrads des
III. vom 1144 das Kloſter S. Saturnini zu Münſterdreis im Wormsgau betr. in den Actis Acad. Theodoro palatinae Tom. I p.
297 ſtellt verſchiedene dieſer Erben auf, als den Herzog Friedrich
von Schwaben u. den Nordgauiſchen Landgraven Theodorich als
Erbherrn des Kloſters, die Markgrävinnen Beatrix und Mathild,
welche auf Fürbitte ihres Vettern Grav Friedrichs von Monjon,
Stifters der Lücelburgiſchen Graven im Elſaß, mit Patrimo-
nial-Gütern gegen erſagtes Kloſter ſich freygebig erzeigt haben.

cher im Jahr 1105 verstorben, hatte seinen Sohn Otto zum Bischof zu Straßburg zu erheben gewußt, und sein Sohn Friedrich II fand sein Grab 1147 in dem Klo= ster S. Walpurg, ohnweit des Surflusses an den Gränzen des Elsasses [q]; und eben dieses Kloster verehrte seinen Stif= ter in Theodorich I Graven von Mümpelgard, Moncon und Barr, einem Enkel jener Mathild durch ihre Tochter So= phia, welche mit dem Graven Ludwig von Mümpelgard, Moncon und Pfirt vermählt war [r]. Obgedachter Frie= drich II von Hohenstaufen, Herzog der Schwaben, besaß jenseit der Sur, ohnfern Werdt und dem Hagenauer Forst, mithin noch in dem Elsaß, das Dorf Mornsbrunn, welches er gegen Anweiller im Speyergau vertauschte; wie solches durch das Privilegium K. Friedrichs des II besaget wird [s]. Daß aber diese Hohenstaufische Herrn das Herzogthum un= strittig gehabt haben, kann man bey Schöpflin [t] aus den angeführten Urkunden und Geschichtschreibern zum Ueber= fluß erkennen. Ermelbter Herzog Friedrich der einäugige bediente sich in seinem Titel öfters auch des Predikats eines Ducis·Alsaciorum. Ja eben diese Provinz wurde beswegen

nicht

(q) Siehe *Otto Frif.* de geftis Frid. l, L. I cap. 39 dessen Worte, *in terminis Alfatiae fito.*, nicht vor einerley zu halten sind mit dem Ausdruck in termino Alfatiae. Terminus, Terminey, kann ei= nen Diftrict bedeuten; Termini aber heissen Gränzen.
(r) Schöpflins Alfat. illuftr. T. II., p. 449 & 484 (m).
(s) In Johannis Spicil, tabb. vet. dipl. mifc. n. VI, p. 453.
(t) Tom. II, p. 547 fqq.

nicht selten zu der Rheinfränkischen Provinz gerechnet [u],
weilen sie einmal damit verknüpft und mit derselben vererbet
worden.

§ 6

Ob nun gleich die beyde Gebrüder Friedrich und Konrad
die Erben ihres Oheims K. Heinrich des V in dem Rheinischen Francien und selbsten als die nächste Kronkanditaten
anzusehen waren, so mußten sie doch die Unbeständigkeit des
Glücks erfahren. Ihre Feinde, besonders der Erzbischof von
Maynz Adelbert der I von Sarbrücken, nöthigten fast den
Herzog Lothar von Sachsen, ihnen vorzubringen, und die
angebottene Krone anzunehmen. In dem Rheinischen Francien und Frankonien sahe man den Schauplatz des Krieges,
in welchem Speyer und Nürnberg, aus Treue gegen ihre
Herrn, die Hohenstaufische Brüder, harte Belagerungen
ausstehen mußten [x]. Nach langem und abwechslendem
Umtrieb söhnte sich endlich Konrad, welcher von einigen Fürsten und unter ihnen von seinem Bruder zum König aufge-
wor=

(v) Otto Frif. de geftis Frid. I L. 1, c. XII. *Ipfe enim de Alleman-
nia in Galliam transmisso Rheno, totam provinciam a Bafilea
usque Moguntiam, ubi maxima vis regni esse noscitur, paulatim ad suam inclinavit voluntatem.*

(x) *Otto Frif.* de geftis Frid. I Imp. Lib. I cap. XVI, XVII Annal.
Saxo ad an. 1127 & 1135.

worfen worben war, mit Kayser Lothar ben 29 Sept. 1135
aus (y), unb tratt in alle Rechte eines Herzogs ter Franken wiederum ein. Godfridus Viterbienfis (z) befinget in fei-
ner Chronick biese glückliche Veränderung in biesen merk-
würdigen Reimen:

.Regnat Lotharius, Conradus amicus habetur
Summus & Imperii fignifer ipfe fuit.
.Lotharius fenuit, Conradi longa iuventus
Obtulit obfequium, fed poft fene prorfus adempto
Succedens iuvenis regia iura tidit.
Interea iuvenis regni vexilla tenebat,
Fit prior in Ducibus femper, primusque fedebat.
.Hoc fibi nobilitas, hoc fibi forma dabat.

Ein anterer Schriftsteller, ber zu ben Zeiten K. Friedrichs
bes II gelebt hat [a], bekräftiget biese Folgen einer glücklichen
Aussöhnung, wenn er von Konrab sagt: pacem cum Lotha-
rio

(y) Eben besselben Chron. L. VII, cap. XVII, XVIIII. Sein Bru-
ber, ber Herzog in Schwaben hatte sich schon vorher ben 17 Merz
mit bem Kapser ausgesöhnt.

(z) Chron p. XVII in Piftorii fcript. vet. Germ. T. II, p. 348.
cf. Annal. Saxo ad an. 1135, Annal. Bofovienfes ad an. 1135.
Landulphus jun. in libro hiftor. Mediol. urbis, cap. 41.

(a) Anon. Chron. vetus ex libris Pentheon excerptum in Menckenii. fcript. T. I, p. 26.

C 2.

rio componens, ut ipse primus inter Principes sederet & primus vexilla portaret, diviso regno quievit. Gleichwie er von diesen Geschichtschreibern als der fürnehmste weltliche Fürst, und obriste Heerführer, Procurator oder signifer Franco-rum[b], ja fast als ein Reichs College dargestellet wird, so entdecken ihn auch andere gleichzeitige Geschichtschreiber bey dem zweyten Zug Kayser Lothars in Italien als obrist Pfalzgra-ven, praesidem curiae Imperialis[c]. Endlich ward er in seine Herzogliche Aemter, Grafschaften und Besitzungen wieder eingesetzt, und von dem Kayser noch mit mehrern beschenkt. Konrad, dem der ältere Bruder Herzog Friedrich in Schwaben und Elsaß die Teutsche Krone auf alle Weise zuzuwenden bemühet war, gelangte endlich nach K. Lothars Tode durch Wahl an das Reich. Als er starb, so hinterließ

er

(b) Der im Treffen gegen die Hunnen im Jahr 955 gebliebene Konrad, Herzog der Franken, wird von dem Korveyischen Wittechind *procurator Francorum* genennt und von einem Dichter des 11 Jahrhunderts redend eingeführt: *Dux Cuonrad inquit ipse ego signifer effudero primum sanguinem inimicum.* In dieser Eigenschaft ward diesen Fränkischen Fürsten auch ohne Zweifel das wegen Italien wichtige Herzogthum und Mark Verona anvertrauet.

(c) Siehe *Petrum* Diac. Chron. Cassin. L. IV, cap. 109. womit zu vergleichen die Stelle in *Landolphi* hist. Mediol. cap. 44 : *Licentiam lumentandi ad Imperatorem a Domino meo Conrado Rege praesente suscepi.*

er einen einzigen Prinzen, ein Kind von ohngefehr 8 Jahren, Friedrichen von Rothenburg (d). Gleichwie Konrad III den teutschen Fürsten seines schon verewigten Bruders ältesten Sohn, Herzog Friedrich in Schwaben, zum Nachfolger im Reich empfohlen hatte, so empfahl er diesem wiederum seinen unmündigen Prinzen, den obgedachten Friedrichen von Rothenburg, dahin, daß er ihme, wann er würde zu seinen Jahren gekommen seyn, das Herzogthum Schwaben einraumen sollte (e). Als Friedrich, der bisher meistens bey seiner Frau Mutter in dem Kloster Ebrach erzogen worden, und Ludwigen von Nürnberg zum Untervormund gehabt hatte (f), zu seinen Jahren gekommen, oder mit dem 13ten Jahr Lehenfähig geworden, so ward er fürnehmlich auf Betreiben

---

(d) Denn in dem Jahr 1143, als er an den Griechischen Kayser Emanuel Comnenus eine ansehnliche Gesandtschaft abschickte, nennt er in dem Ihnen mitgegebenen Schreiben ausdrücklich seinen Sohn Heinrich, den nachherigen aber schon im Jahr 1150 verstorbnen Thronfolger, unicum filium nostrum. Siehe Otto de gestis Frid. I Imp. L. I, c. XXIV.

(e) *Conradi* Chron. Ursperg. ad an. 1139: *Ipse Rex, relicto filio parvulo Friderico in brevi post vita decessit - & Friderico fratrueli suo, sedem Regni reliquit statuens cum eodem, ut filio suo, cum ad annos perveniret, Ducatum Sueviae concederet;* cf. *Koeleri* diss. de fam. Aug. Stauf. Tab. I, n. 20, p 20.

(f) Cf. notitia Monasteri Ebracensis p. 16 *Albericus*, Mönch zu Trois fontaines, ad an. 1152, p. 321 gibt zu seinem Vormund an einen Ludovicum de Nerembergis.

C 3

treiben der Griechisch⸗kayserlichen Gesandten von K. Frie⸗
drichen seinem Vetter im Jahr 1157 zu Würzburg wehr⸗
haft gemacht (g). Seit dem Jahre 1156 erscheint er auch
öfters mit dem Prädikat eines Ducis Suevorum, Sueviae
oder Alemanniae (h). Der berühmte Maskov (i) glaubt
aber, daß es unerweißlich seye, daß dieser Friedrich von Ro⸗
thenburg zugleich Herzog in Frankonien gewesen. Allein
mich dünkt, nichts seye gewisser als eben dieses. Dann als
besagter Friedrich von Rothenburg in Italien an der Pest
im Jahr 1167 in der Blüthe seines Alters verstorben war,
so fiel dessen ganze und reiche Erbschaft seinem Vetter dem
Kayser heim (k), und dieser, als er seine Erblande unter
sei⸗

(g) *Radevicus* de gestis Frid. I Imp. Lib. I cap. VI Mascov in Comm.
de rebus Imp. sub Conrado III. L. V., p. 306 führt solches un⸗
term Jahr 1157 an. Daß er in diesem Jahr noch nicht wehr⸗
haft gewesen, bezeuget die Unterschrift eine Urkunde *F. Duce
adhuc inermi* in Wibels Hohenloh. Kirchenhist. 2 Theil Cod
dipl. n. XV, p. 29.

(h) Siehe noch mehrere Arten der Unterschriften in Schöpflins Alf.
illustr. T. II, p. 550. Noch in dem Jahr 1160 und 1161
heißt er Fridericus puer, Dux Suevorum, filius b. m. Regis
Conradi, Fridericus Dux Suevize, filius Dux Conradi Regis;
welcher Beysatz anzeigt, daß er noch nicht zu seinen Tagen ge⸗
kommen oder majorenn gewesen. Auch war er damals erst
ein Herr von 17 Jahren.

(i) L. c. Lib. V, c. XXIV, n. 8.

(k) K. Friedrich, in einer Schestersheimischen Urkunde vom Jahr
1172

seine Söhne theilte, gab dem zweyten Friedrich das Herzogthum Schwaben nebst andern Patrimonialgütern aus H.
Welfens und der Pfullendorfischen Verlassenschaft in Schwaben, dem 3ten Sohn Konrad aber die Lehen und Eigen,
welche Friedrich Herzog von Rothenburg gehabt hatte (l).
Eben dieser letztere aber ist es, welcher nach dem Zeugnis
des *Guntheri* Ligurini das Herzogthum in Frankonien nebst
denen damit verknüpften Würzburgischen, Bambergischen
und andern Stiftsleben allein besessen, ehe er nach dem Ab-
sterben seines Bruders das beträchtlichere Herzogthum
Schwaben erhalten. Nimmt man dazu, daß König Konrad sein Vater eben diese Provinz beherrscht, daß derselbe zu
Bamberg, gleichwie die Mutter und Sohn im Kloster E-
brach, als in der ihnen eigen gewesenen Lieblings Provinz
ihr Grab gefunden haben, daß eben dieser Friedrich den
Beynahmen von Rothenburg, als seiner Residenz in Frankonien, selbst in Urkunden erhalten (n), daß die Fränkische
Stifter und Klöster sich besonders seiner Freygebigkeit zu er-
freuen

1172 bey Wibel l. c. n XVII, p. 31 sagt: *Ecclesiam Schef-
tersheim a dilecto nepote nostro Friderico, Duce de Rotenburg
fundatam & ab ipso per successivam hereditatem nostre ditio-
ne mancipatam.*

(l) *Otto* de S. Blasio unterm Jahr 1167 Mascov l. c. p. 307 *Koeler*
de fam. aug. Stauf. ad Tab. II, p. 9.

(m) Lib. I, 82.

(n) Noch in einer Urkunde vom Jahr 1167 als seinem Sterbjahr, in
Gu-

freuen gehabt(o): so bleibt mir weniger Zweifel übrig in
Ansehung des Herzogthums Frankonien übrig, als wegen
dem Herzogtum Schwaben. Denn da er ein gebohrner Her=
zog in Schwaben war, so wird er von Schriftstellern sowohl
als in Urkunden mit dem Titul eines Ducis Suevorum be=
zeichnet, ehe er seiner Jahre halber das Herzogthum selbst
administriren konnte. Es ist aber bekanut, wie unter den
Hohenstauffischen Kaysern der Teutschen, welche vorher von
dem fürnehmsten Volk Franken genennet wurden, mit dem
Nahmen der Alemannen und Schwaben, als dem Volk,
dessen Herzoge das Reich besaffen, bezeichnet zu werden an=
fangen(p), Daher ambirten auch die aus dem Geschlechte
derselben entsprossene Fürsten, selbst diejenige, so das Her=
zogthum Frankonien und die Ueberbleibsel des alten Rhei=
nischen Franciens beherrschten, mehr den Titel eines Ducis
Suevorum und Alemannorum (q), und der Titul eines Her=
zogs

___

Gudenus Cod. dipl. Mog. T. I n. XCI p. 257: *Fridericus*
Dux de Rodenburg; siehe auch die obige Anmerkung (k).

(o) Welches auch durch sein Epitaphium zu Ebrach besagt wird; cf.
Koeler l. c. p. 20.

(p) Siehe des Freyherrn von Senkenberg Gedanken von dem je=
derzeit lebhaften Gebrauch des uralten teutschen Rechts cap. I,
§ 28.

(q) Friedrich der I von Hohenstaufen führt den Titel eines Ducis
Francorum nebst jenem Dux Suevorum nur ein einiges mahl in
dem Lorchischen Stiftungsbrief, und setzt jenen diesem nach. König
Konrad wird in *Chron. Pantal.* Dux Alemanniae, frater Frideri=
ci Ducis Alsatiae, genent; ohngeachtet er vor seiner Erhebung un=
streitig

zogs der Franken verlosch dergestalt, daß man viele Praero=
ativen des leztern theils jenem, theils den Pfalzgraven bey=
gelegt sieht (r).

§ 7

Konrad ein Halbbruder Kayser Friedrichs des I, welchen
der Vater Herzog Friedrich der einäugige in Schwaben mit sei=
ner andern Gemahlin Agnes, einer gebohrnen Grävin von
Zwey=

streitig Dux Franconiae war. Also auch Pfalzgrav Konrad,
des Kayser Friedrichs des I Bruder, wird, ehe er die Pfalz erhal=
ten, Dux Conradus frater Imperatoris, und im Jahr 1156 noch
Dux Sueviae genennt, ob er gleich nichts weniger als Herzog in
Schwaben war. Siehe die Stellen und Urkunden angeführt in
Schoepflin l. c. T. II, p. 548 - 550. Die Hohenstaufische Herrn
liebten daher auch den Titul Dux Suevorum mehr als Dux A e-
mannorum.

(r) Wohin ich besonders das Bambergische Truchsessen = Amt und
die mit demselben verknüpfte Lehen rechne, welches die Schwä=
bische Herzoge in Frankonien bis auf den letzten Konrad ingehabt,
durch dessen Schenkung 1268 erst solches wieder mit den Bam=
bergischen Lehen an den Pfalzgraven Ludwig den strengen und sei=
nen Bruder Heinrich gekommen ist. Cf. Scheid in der Vorre=
de zu Origy Guelf. T. III, § 24, p. 81 sq. und die Belehnungs=
Urkunde des Bischof Bertholds von Bamberg vom Jahr 1268 in
Gewolds tract. de S R. i. Septemviratu, cap. X in Repraes.
reip. Germ. p. 754 sq. S. Senkenberg von dem lebhaften Ge=
brauch des uralten teutschen Staatsrechts cap. III § LXVIII. Da=
durch wurde also endlich noch das fürnehmste Erzamt wieder mit
dem Bambergischen Hofamt in den Pfalzgraven am Rhein reunirt.

D

Zweybrücken und Sarbrücken, gezeuget hatte, erhielte nicht
minder, als die übrige Prinzen des Hohenstaufischen Hauses,
einen Antheil der Erbschaft. Da man solchen nicht mehr in
Schwaben und Frankonien suchen darf, so entdeckt sich derselbe in dem Rheinischen Francien. So wie diese Provinz
in dem 11ten Jahrhundert unter die Speyerische und Wormsische Linien getheilt war, so ersieht man auch nun, daß die
Kayserliche Linie die Grafschaft des Speyergaues nebst der
Schutz- und Schirmvogtey des Stiftes Speyer (s) besessen.
Aber eben so wird man aus den Stiftwormsischen Lehen, aus
der Landgravschaft im Nohgau oder dem Landgericht auf der
Heyde Syn, welches die Wildgraven von den Pfalzgraven
zu Lehen tragen, desgleichen die gleichfalls Lehenrührige Landgerichte der Leiningischen Graven im Wormsgau, worunter die Grafschaft Stahebübel als ein Wormsisches Lehen
begriffen war, aus der ursprünglich von Pfalz zu Lehen
gehenden Gravschaft auf dem Eintrich, aus den gleichfalsigen
Lehen Gravschaften im Engersgau, im Lohngau, am Wester-
wald, in der Wetterau, im Pflumgau und Usgau 2c. 2c. welche

(s) **Lehmann** in der Speyerischen **Chronick** L. V, cap. LXV p. 533
spedit. 1612 führt eine Bischöfli.-Speyerische Urkunde vom Jahr
1188 an, worinnen ein Tausch verbrieft und gesagt wird, daß
solcher geschlossen worden *consulentibus & approbantibus praefa-*
tis principibus (Friderico I & Henrico II,) *scilicet Domino*
Imperatore & ejus filio gloriosissimo rege eo tempore existentibus
Ecclesiae Spirensis Aduocatis &c.

che man alle mit unverwerflichen Beweisen klar machen kann,
aus den Lorchischen und Fuldischen Lehen (t), ohne noch andere Rechte und Praerogativen anzuführen, erkennen, daß Konrad, ehe er noch die Rheinisch Lothringische Pfalz erhalten, fast
den grösten Theil des Rheinischen Franciens, mit einer erb-
herzoglichen Gewalt zu beherrschen gehabt. Doch die weitere
Ausführung und Beweise erforderten eine weitläufigere Abhandlung, als mir jetzo die Zeit und die Gränzen dieser
Schrift gestatten. Darf man sich aber noch wundern, wa-
rum durch die Ernennung Konrads zu einem Pfalzgraven
bey Rhein und mithin durch die Verbindung der meisten
Rheinisch Fränkischen Herzogen Gerechtsame und Vorzügen (u) mit der Aachischen Pfalz in Lothringen in den Rheinischen

---

(t) Diese beyde Lehen waren jedoch erst Herzogen oder Pfalzgraven
   Konrad mit seiner Gemahlin Irmengard von Hennenberg zugefallen.

(u) Einige wollen das Reichserztruchseßen Amt nebst dem Bambergischen Truchseßen und Vogtamt ausnehmen, als welches dem
   Herzogen in Frankonien schon in der Person Friedrichs I Herzogen der Schwaben und Franken beygeleget, und erst 1268 wieder
   mit der Pfalz verknüpfet worden. Auch scheint im Jahr 1184, da
   Pfalzgrav Konrad unter den zu Mainz versammleten grossen Fürsten gegenwärtig war, und der junge K. Heinrich der VI von seinem
   Vater K. Friedrich I wehrhaft gemacht wurde, der Pfalzgrav nicht von den Fürsten gewesen zu seyn, welche die Erzämter
   bey dem feyerlichen Hof verrichteten Denn nach Arnoldo Lu-
   becensi L. III, c. IX bey Leibnitz T. II, p. 661 verrichteten solche

D 2   nur

nur der König in Böhmen; die Herzogen (von Schwaben und
Sachsen) und der Markgrav von Brandenburg, nonnisi Reges
vel Duces aut Marchiones adminiſtrabant. Inzwiſchen könnte
es doch ſeyn, daß Pfalzgrav Konrad unter dem Nahmen der
Herzoge begriffen wäre, weilen die damalige Herzoge in Fran=
konien und Schwaben beyde Königliche Prinzen waren. Wenn
man aber Martini Poloni, der in der Mitte des 13 Jahrhun=
derts lebte, und Alberti Stadenſis bekannte Zeugniſſe, nach
welchen der Pfalzgrav Dapifer war, retten will, ſo muß man
annehmen, daß das Erztruchſeſſenamt eine Zeitlang von dem
Bambergiſchen Hoftruchſeſſenamt getrennt geweſen, und dieſes
durch anſehnliche Lehen beträchtliche Amt den Herzogen in Fran=
konien zugehöret habe, jenes edlere aber den Rheinfränkiſchen
Pfalzgraven zu Theil geworden. Dieſes muß man ſogar mit
Gewißheit annehmen, wenn man die Krönungs Geſchichte Kö=
nig Wilhelms, welche der Mönch zu Neuß in dem Magno Chronico Belgico unterm Jahr 1247, in Piſtorio ſcriptt. T. III,
p. 268 umſtändlich verfaßt hat, zu hülfe nimmt. Unter den Erz=
beamten erſcheint auch der Bayeriſche Herzog, als Pfalzgrav oder
Truchſeß *Tunn Bavariae Dux, Palatii Comes ſeu dapifer*, und
übergibt dem Könige den Reichsapfel. Eben dieſer Pfalzgrav
und Herzog Otto führte 2 Wahlſtimmen, eine wegen der Pfalz
und die andere wegen Bayern. Dis ſagt er ſelbſten in der Ant=
wort an den B. von Straßburg: *Utinam Dominus noſter Papa
hoc ipſum iam feciſſet. Propter hoc enim vellem utrique voci
renuntiare; videlicet Palatii & Ducatus & dare ſuper hoc eccle-
ſiae pro me & haeredibus publicum teſtimonium;* ſiehe *Aventino*
excerpta ex Alberti Bohemi actis in des Herrn Oefele ſcriptt.
Boic.

sehenste Fürsten nach dem König herfürgehen. Schon der
Stifter dieses in seiner Verbindung neuen Fürstenthums,
welches an die Stelle des Rheinfränkischen Herzogthums
tritt, Konrad, ward daher mit Recht als der erste Fürst des
Reichs zu seiner Zeit betrachtet, vir summae post Imperatorem amplitudinis (x). Die Aachische Pfalz war schon seit
K. Heinrich dem IIII, der neben der Königlichen Würde die
Herzoglich Fränkische Lehen und Allodien besaß, öfters mit
der

Boic. T. 1, p. 788 (a). Ich sehe also nicht, wie das Erztruchsessenamt und die Kur, so auf der Rheinfränkischen Pfalz haftete
und Otten dem Erlauchten schon eigen waren, auf dem Nordgau
gehaftet haben, und erst durch die Schenkung Konradius im Jahr
1268 an Ottens Sohn, Ludwigen, gekommen seyn könne, wie
der Freyherr von Senkenberg in den Gedanken von dem allezeit
lebhaften Gebrauch cap. III, § LXVIII, p 170 und LXXII, p.
178 sich einfallen lassen. Durch die Schenkung Konradius wurden nur die Bambergische Hoftruchsessen und Vogtey Lehen mit
dem Erztruchsessenamt in Pfalzgrav Ludwigen consolidirt. Ich
übergehe hier, die von Senkenberg aus dieser Meinung geäusserte
Irrthümer in anstehung des Ursprungs und Nahmens der Ober-
pfalz.

(x) Guilielmus Neubrigensis in hist. Angl. L. IV, c. 30 sagt von ihm :
Comitem Palatinum virum in Imperio summae post Imperatorem amplitudinis. Der Vorzug welchen die Bayerische Herzoge hernach dem Titel Comes Palatinus gegeben, ist ein au-
thentischer Beweiß der vorzüglichen Würde, welche der Rheinpfalz anklebte.

D 3

der obristen Pfalzgravschaft, die sonsten diese Herzoge bekleidet hatten, gewürdiget worden. Heinrich von Lach, der erste, welcher sich Pfalzgrav bey Rhein nannte, mochte zugleich die obriste Pfalz in Commission gehabt haben (y), und
hinterließ wenigstens die Lothringische Pfalzgravschaft seinem
Stiefsohn, Sigfried von Ballenstedt. Nach seiner Rebellion,
worinnen er auch geblieben, ernennte K. Heinrich V einen
Rheinfränkischen Graven, Godfried von Kalwe, zum Pfalzgraven in dem Rheinischen Francien sowohl als Lothringen (z).
Unter K. Lotharn ward dessen Vetter, des obigen Sigfrieds
Sohn, Wilhelm, einziger Erbe der Aachisch Pfalzgrävlichen Patrimoniallande wieder hervorgezogen (a). Er starb
1140, und seine Lehen und Allodien fielen dem Reiche an-
heim. König Konrad der III ernannte erstlich seinen Stiefbruder Heinrich, gebohrnen Markgraven von Oesterreich,
zum Pfalzgraven bey Rhein (b). Als aber dieser Heinrich
in

(y) Erläuterte Reihe der Pfalzgraven zu Aachen p. 66.
(z) Er heißt Comes Palatinus Rheni; und besaß nach dem Chron.
Laurish. das momentum curiae.
(a) Er war des Kaysers Neveu von seiner Gemahlin Schwester,
und führt auch in Urkunden den Titel eines Comitis Palatini Rheni. Der Chronographus Saxo, *Albertus* Stadensis,
das Chronicon montis Sereni, annales Bosovienses und andere
erzehlen seinen Tod 1140.
(b) Tolner wußte nicht, für wen er den Henricum Comitem Palatinum halten sollte, der in einer Urkunde vom Jahr 1140 vorkommt, siehe Cod. dipl. Palat. n. XLIX p 43, in welcher auch
Her-

in der durch den Tod seines Bruders Leopold erledigten Mark
Oesterreich und dem Herzogthum Bayern folgte, so warb die
Rheinische Pfalz von dem König Graven Hermann von
Stableck verliehen, von dem wir wissen, daß er ein Bruder
des Graven Heinrich von Katzenelnbogen gewesen [c], und be=
trächt=

Hermannus Comes de Stálechun unter den Zeugen erscheint.
Pfalzgrav Wilhelm, dessen Sterbjahr Tolner irrig ins Jahr
1142 setzt, war 1140 schon todt, und das Necrol. S. Maximini
bestimmet sogar seinen Sterbtag auf den 13. Febr. Herr Prof.
Gebhardi de March. aquilon. macht nach seiner geschwinden Art
zu muthmassen obgedachten Henricum zu einem Bruder Pfalz=
grav Wilhelms, siehe Lentzens Becmannum enacleatum sup-
pletum & illustratum p. 34. (b) Eine höchstglückliche Entde=
ckung aber, welche wir der vormährigen gelehrten Reise der für=
treflichen historischen Mitglieder der Kurpfälzischen Akademie zu
danken haben, stellt diesen Heinrich in ein angenehmes Licht, in=
dem er in einer Brauweilerischen Urkunde vom Jahr 1141 frater
Regis genennt wird. Er ist also der Heinrich Jochsamer, ein
Stiefbruder, frater uterinus, König Konrads, welchem von
seinem Vater der jüngere Bruder Leopold in der Mark Oesterreich
vorgezogen worden. Der König versorgte ihn daher anderweit,
bis er nach des Bruders Tod in der Mark Oesterreich sowohl als
dem Herzogthum Bayern folgte.

(c) Wie ich bereits in der Abhandlung von den Landpfälzen, 3 Ab=
schnitt §11, siehe den 4 Band der Bayerischen Akademie Abhand=
lungen p 146 angedeutet habe. Schon der Stiftungsbrief der
Probstey Offenbach vom Jahr 1150 in *Calmets* hist. de Lorrai-
ne T. V edit. nouv. preuves p. CCCXLIIII sq. belehrte mich,
daß

trächtliche Herrschaften in Frankonien beseſſen [d]. Als
dieſer nun gegen das Ende des Jahrs 1156 die Pfalzgrav-
ſchaft dem Kayſer Friedrich I aufgegeben, und ſein Leben
bald darauf in dem Kloſter Ebrach beſchloſſen hatte: ſo ver-
gab der Kayſer dieſe Würde an ſeinen Bruder Konraden. Er
erhielte dadurch die obriſte Vogtey über das Stift Trier, die
Köllniſche Lehen, beſonders die Burg Stahleck am Rhein
und Bacharach, nebſt vielen andern Vogteyen in Ripua-
rien, welche nachher die Jülchiſche Herzoge von den Pfalzgraven zu Lehen getragen. Nachdem Pfalzgrav Konrad ſeine
beyde Söhne, Friedrich und Konrad, vor ſich ſterben ſe-
hen [e], und ſeine Tochter Agnes nunmehro die einzige Erbin war, ſo ließ er ſich von dem Erzbiſchof von Köln ver-
brieſen, daß die Burg Stahleck ſowohl als die Vogtey Bacharach

daß Pfalzgrav Hermann einen Bruder nahmens Heinrich gehabt habe. Denn es wird unter den Zeugen angeführt: *De lai-
cis Hermannus Palatinus Comes, Henricus frater ejus.* Der
Hochwürdige Herr Prälat der Abtey Springiersbach, Freyherr
von Holtrop, entdeckte mir aber hernach zu meinem größten Vergnügen, daß ſich unter den Urkunden ſeiner Abtey ein Diploma
K. Konrads III finde, worinnen unter den Zeugen des Pfalzgraven Hermanns Bruder ausdrücklich Grav Heinrich von Katzen-
elubogen genennt wird.
(d) Siehe Cod. dipl. Palat. n. LV, p. 49. Ich werde zu einer andern Zeit von dem Urſprung ſeines Geſchlechts umſtändlicher
handlen.
(e) Siehe *Koelers* fam. aug. Stauff. Tab. I.

charach) auch) auf dieselbe forterben sollten [f]. Dann von nun an ward diese Agnes als die präsumtive Erbin der Rhein-fränkisch und Lothringischen Pfalz angesehen.

§ 8

Agnes, die reiche Erbin der Rheinpfälzischen Lande, ward im Jahr 1193 ihrem geliebten, dem schönen Prinzen von Sachsen, Heinrichen von Braunschweig, Herzog Heinrichs des Löwen ältesten Sohne, vermählet; wovon ich die bekannte und von andern schon umständlich angeführte Umständen zu erzählen mich entmüssige [g]. Aber meine Absicht erfordert, die einstimmige Zeugnisse anzuführen, aus denen erhellen kann, daß durch diese Verbindung die Pfalz, welche aus Rheinfränkischen und Lothringischen Lehen, Vogteyen und Herrschaften bestand, auf Heinrichen von Braunschweig gebracht worden seye. Godsrid, ein Köllnischer Münch

zu

(f) *Tolners* Cod. dipl. Palat. n. LXVI p. 58 sq.

(g) Siehe Tolner hist. Pal. cap. XVI, *Pfeffinger* in Vitr. ill. T. I, p 955 Origg. Guelf. T. III cap. I, § 134, 135 p. 148-152 und die daselbst angeführte Schriftsteller. Das Vermählungsjahr 1193 wird durch *Albericum* monachum trium fontium p. 400 bestätigt. Der Herr von Eckhart in der Erklärung des Kleinodien Kästleins, worauf die Verlöbnis Heinrichs mit Agnes Pfälzischen Erbprinzeßin vorgestellt ist § XIII p. 28 urtheilt daher mit recht „Wenn man alles, was verschiedene Authores, sonderlich *Arnol-*„*dus* Lubecensis von dieser Heurath sagen, zusammen nimmt, „so muß sie im Jahr 1193 geschehen seyn.

E

zu S. Pantaleon und gleichzeitiger Schriftsteller lehrt solches unter dem Jahr 1195 in diesen Worten [h]: *Conradus Palatinus Comes de Rheno obiit, cuius dignitates & beneficia Heinrico filio Heinrici quondam Ducis Saxoniae cesserunt. Is enim filiam eius unicam duxerat.* Der wahrhaftige und ebenfalls gleichzeitige Geschichtschreiber Arnoldus Lubecensis [i] erzählt in seiner Fortsetzung der Slavischen Chronick die Sache mit folgenden Worten: *Unde idem filius Ducis — alia via usus est, qua ad gratiam Imperatoris, non tamen ad restitutionem paterni veniret honoris. Nam quia erat praeclarus genere, nobilis virtute, speciosus forma, validus corpore, notus opinione, filiam Palatini sortitus est uxorem. Qui quoniam patruus Imperatoris erat, Imperator eum pro huiusmodi copula vehementer arguebat: qui praeter se haec acta affirmans, Imperatoris animum blanda calliditate lenire studebat. Sed quia legitimus contractus dissolui non poterat, paulatim mediante socero juvenis Palatinus gratiae Imperatoris appropinquabat. Tunc denique temporis Imperator secundam in Apuliam expeditionem ordinavit: & quia in ipsa profectione idem Ducis filius in omnibus ad placitum ei deseruiuit, non tantum Imperatoris gratiam, sed & omnem dignitatem soceri sui de manu Imperatoris suscepit iure beneficiario.* Der Lübeckische Dominikaner Korner, welcher bekanntlich bey seiner Chronick sich dieser Slavischen Chronick bedient hat, so daß er die Worte derselben beybehielte, hat

---

(h) In *Freheri* script. T. I, ed. *Struv.* p. 360.
(i) Lib. IV c. XX, in *Leibnit.* script. T. II, p. 698.

段 (35) 段

hat an statt der Worte iure beneficiario in seiner Abschrift
iure hereditario gefunden. Beyde Ausdrücke sind richtig, da
die Rede von einem Erblehen ist. Arnold fährt also fort:
Tunc nova lux in Saxonica orta est, pacis videlicet jocunditas &c.
So gros aber die Freude der Sachsen über diese glückliche
Verbindung und ihre Folgen war, so gros war der Unwil=
le des Kaysers anfänglich gewesen. Und gewißlich hat=
te er Ursach zu grossen Besorgnissen, da der Sohn eines
von ihm verfolgten Vaters, den er äusserst haßte, die
Erbin der Rhein=Pfalz, und durch sie ein gegründe=
tes Recht der Nachfolge erhielte. Dieses sagt uns das Chro-
nicon vetus Duc. Brunsuic. [k] mit ausdrücklichen Worten:
*Henricus — primo duxit uxorem de Reno, cum qua obtinuit
Palatii principatum.* Der Weingartische Münch [l]: *Heinricus
II filius Heinrici Leonis — — Agnes eius uxor prima, filia
Conradi, Rheni Palatini, qui fuit frater Friderici I Jmp. Ducis
Sueviae, ex qua Palatinatum consecutus fuit.* Dann ohngeach=
tet der Kayser, wie der Probst Gerhard von Steberburg [m]
meldet, die Ehe wieder getrennt haben wollte, so drang doch
endlich Pfalzgrav Konrad durch. Er erkannte den jungen
Heinrich als seinen Eydam, und erklärte ihn nicht allein zu
seinem Erben, sondern stattete auch seine Tochter aufs herr=
lichste

(k) In *Leibnit.* script. T. II, p. 17.
(l) *Leibnit.* l. c T. I, p. 805.
(m) *Meibomii* script. T. I, p. 434 und Meiboms Anmerkungen p.
446 lib. IV cap 30.

E 3

lichſte aus. Ebengemeldter **Gerhard** von Stederburg gibt
ſolches zu erkennen, wann er ſagt: *& omnibus modis filium,*
quem ſibi adoptavit, per filiam, gratiae Jmperatoris elaborat
reſtituere. *Guilielmus Neubrigienſis* [n] aber ſagt es noch deutli-
cher: *Reverſus autem idem ad propria, genero blande locutus*
eſt adoptansque eum filiam egregie dotavit. Der Kayſer, durch
die Standhaftigkeit, das Bitten und Anſehen ſeines Oncle
des Pfalzgraven überwunden, genehmigte die Verbindung,
und belehnte den jungen Pfazgraven mit der vom ihme zu
Erblehen rührenden Pfalzgrarſchaft. Gleichwie nun die aus
unverwerflichen Zeugniſſen beſtätigte Vererbung der Rhein-
Pfalz durch eine Tochter zu einer richtigern Vorſtellung des
gleich zu erzählenden abermaligen Falls vorbereitend iſt, ſo
wird auch jene durch die Folge ein neues Licht des Beweiſes
erhalten. Der alte Pfalzgrav Konrad ſtarb 1395 und ſein
Eydam war nun der alleinige Beſitzer der Rheinpfälziſchen
Lande. Er veräuſſerte zwey Jahre darauf die Pfalzgrävliche Grosvogtey deß Erzſtiftes Trier, welche ihm auch durch
dieſe Vermählung zugefallen war [k]; *Notum ſit,* ſind die
Worte der Urkunde ſelbſten, *tam preſentibus quam futuris,*
quod Henricus Palatinus Comes Rheni, qui filiam predeceſſoris
ſui Conradi Palatini Comitis legitimam duxerat, reſignavit B.
Petro — apud Treuerim advocatiam — [o].

Licht

(n) Jn Hiſt. Angl L. IV, c. xxx.
(o) Jn Cod. dipl Pal n. LXVII p. 59 und **Hontheims** hiſt, Trev.
dipl. T. I, an. 1197.

2

§ 9

Nachdem die Geschichte des fürtreflichen Pfalzgraven
Heinrichs von den berühmten Geschichtschreibern des Welfi-
schen Hauses, Eckhart und Scheid [p] in ein erwünschtes
Licht gesetzt worden, so ist es überflüssig, demselben noch zu-
setzen zu wollen. Ich hatte schon, ehe ich die Arbeit dieser berühmten und einsichtsvollen Gelehrten zu gebrauchen das
Glück gehabt, bereits in den Originibus Bipontinis [q] in
Ansehung der Nachfolge in der Pfalz solche Gedanken geäus-
sert, die mit den Beobachtungen derselben vollkommen über-
einstimmen. Ich will aber hier nicht umständlich wiederhoh-
len, daß Pfalzgrav Heinrich von Braunschweig, welcher
mit seiner im Jahr 1204 schon verstorbenen Gemahlin, der
Pfälzischen Agnes, einen Prinzen Heinrich und zwey Prin-
zessinnen Irmengard und Agnes gezeugt hatte, dem Sohne,
nachdem er wehrhaft gemacht worden, die Rheinpfalz
abgetretten und seinen Aufenthalt in den Braunschweigischen
Erblanden aufgeschlagen habe, auch darinnen, ohne sich ferner um die Pfalzgravschaft zu bekümmern, bis an das Ende seines Lebens verblieben seye [r]. Nach dem Jahre 1211
erscheint der Vater nicht mehr am Rheine. Urkunden und

Ge=

(p) In Origg. Guelf. T. III, cap. 1 § 134, 135 p. 148-152 cap.
III, p. 183-244.
(q) P. I, cap. III, p. 267-271.
(r) Origg. Guelf. l. c. c. III, § 25 not. (y) p. 212-215.

E 3

Geſchichtſchreiber offenbahren vielmehr, daß ſein im Jahre
1212 ſchon achtzehnjähriger Sohn, Henricus iuvenis Comes Palatinus Rheni die Pfalz beſeſſen habe, ja, daß eben=
derſelbe damals ſchon mit der vierten Tochter Heinrichs I,
Herzogen in Niederlothringen und Brabant, Mathild ver=
mählt geweſen ſeye [s]. Da der Vater des jungen Pfalzgra=
ven ſeinem Bruder, dem Kayſer Otten dem IIII, mit brüder=
licher Liebe und Treue zugethan blieb, ſo ſieht man hingegen
im Jahr 1212 den jungen Pfalzgraven dem neuen Könige
Friedrich II die Lehenstreue ſchwören [t]. So unwiderſprech=
lich aber die Urkunden des Kloſters Schönau bey Heidelberg
die wirkliche Regierung des jungen Pfalzgraven darſtellen [u],
ſo ſehr beſtättigen auch die Denkmahle des Alterthums nach
ſeinem Tod, daß er in der Reihe der regierenden Pfalzgra=
ven

(s) Scheid hat ſolches aus dem *Chronico Nivellenſi* in Senkenbergs
Selectis T. III, p. 200 und dem *magno Chronico Belgico Nuſſienſi*
p. 220 in ein ſo neues als zuverläßiges Licht geſetzt.

(t) Scheid gründet ſich desfalls auf das Zeugnis Godfridi Colonien-
ſis verglichen mit einer Nachricht des *Gelenius* in vita S. Engel-
berti p. 53 aus einem alten Mſct, daß unter den Rheiniſchen Für=
ſten, welche damals dem jungen Könige die Treue angelobt, und
von ihme die Lehen empfangen, auch Pfalzgrav Heinrich geweſen.

(u) In *Gudenus* Sylloge diplomatt. Cod. dipl. mon. Schonaug. n.
XXXIV, p. 83. In den Worten der vorhergehenden Urkunde
will Scheid l. e. die Verlobung des jungen Pfalzgraven angedeu=
tet finden durch die Worte *Henricus Palatinus Comes Rheni Dux
Saxoniae in celebratione deſponſationis ſuae.*

ven eine befondere Stelle verdiene[x]. Er ftarb den 1 May
1214[y]; und feine junge Gemahlin, Mathild von Brabant, welche ihm noch keine Kinder gebohren hatte, vermählte fich hernach wieder mit Florentinus IV, Graven in
Holland, und ward die Mutter des nachherigen König Wilhelms. Der junge Pfalzgrav hatte keine Erben, als feine
beyde Schweftern, wovon die ältefte Irmengard fchon an
den Markgraven Hermann V von Baden vermählt gewe-
fen[z], die jüngere Agnes aber noch in cafa und capillis war.
                                                        Da

(x) Hieher gehören die Urkunden, l. c. n. LXX, p. 162, wo die Reihe
der Pfalzgraven von Pfalzgrav Otto dem Erlauchten alfo angege-
ben wird: 1) Conradus Palatinus Comes; 2) Heinricus Dux
Saxoniae, focer nofter Palariam obtinuit. 3) Poft eum filio
fuo Palatino Comite id ipfum per omnia faciente. 4) Denique cum ad Kariffimum patrem noftrum Ludovicem, Ducem
Bavarie deveniffet dicti principatus Dominum. 5) Nunc au-
rem, quia difponente Domino Principatum Palatie tenemus &c.
Die Urkunde ift datirt zu Heidelberg 1228 in praefentia dilecti
patris noftri Ludevici. Eben fo führet K. Heinrich der VII die
3 erftere Pfalzgraven an n LXXI, p. 165. Endlich befaget auch
das Grabmahl des jungen Pfalzgraven feine wirkliche Regierung;
Freber Origg. Pal. P. I, c. X, p. 80. **Colner** l. c. p. 357
Origg. Guelf. T. III, p. 217 Origg. Bipp. p. 268.

(y) Den Sterbtag befaget die Auffchrift des Grabmahls und das
Jahr *Albertus* Stadenfis.

(z) *Schoepflin* hift. Zaringo Badenfis T. I, L. III, cap. V, § XIII,
p. 18 Origg. Guelf. T. III, n. VIII, cap. III, § 41 p. 229 fq.

Da also die ältere Schwester schon durch ihren Bruder ausgeschlossen und dotirt gewesen, so ward die noch unvermählte und unmündige Agnes, als die präsumtiv Erbin ihres Bruders in der Rheinischen Pfalzgravschaft anzusehen. Noch in eben diesem Jahr ward sie ohne Zweifel unter Genehmigung des Kaysers als Lehenherrn und des mit dem Bayrischen Hause alliirt gewesenen Herzogs und Pfalzgraven Heinrichs des ältern [a] als Vaters, mit dem einzigen Prinzen des Herzogs von Bayern Ludwigs I, Otten dem Erlauchten, einem jungen Herrn von 8 Jahren verlobt, und dadurch die Erbschaft der Pfalz demselben mitgebracht. Dieses lehrt zuerst eine Schönauische Urkunde vom Jahr 1214, worin der Vater ermeldten Prinzen, Ludwig I Herzog in Bayern dem Kloster eine Schenkung thut, mit Einstimmung der Braut seines Sohnes. *Huic donationi accessit etiam bona voluntas & pius consensus Agnete Nobilis puelle, sponse filii nostri que vera est heres eiusdem rei* [b]. Die Vermählung aber soll im Jahr 1225 erfolgt seyn [c], da Otto ein Herr von 18 Jahren war, und 3 Jahr darauf ward er von seinem Vater wehrhaft gemacht, mithin als majorenn erklärt [d]; womit ihm

(a) Siehe den Bundbrief vom Jahr 1212 in Tolners Cod. dipl.
(b) *Gudenus* Sylloge dipl. Schonaug. n. xxxv, p. 86.
(c) Daß in diesem Jahr die Vermählung geschehen, beweiset man mit der Wormsischen Belehnungs Urkunde von 24. Merz 1225.
(d) Dieses geschahe auf Pfingsten 1228, also den 14 May.

ihm der Vater auch) die Pfalzgravschaft abtratt (e ; welche
Otto 3 Jahre verwaltete, ehe er demselben in Bayern folgte.
Es haben zwar jüngere Scribenten, da sie die Art des Uebergangs der Pfalz an Bayern nicht eingesehen, noch gewußt,
daß zwischen dem ältern Pfalzgraven Heinrich und den
Pfalzgraven aus dem Bayrischen Haus noch Heinrich der
junge die Pfalz zwey Jahr lang besessen, und dennoch ge-
sehen, daß der alte Pfalzgrav Heinrich bis ins Jahr 1227
gelebt(f), ohne mit der Regierung der Rheinischen Lande
mehr zu thun zu haben, dieselbe, sage ich, haben den wahren Grund dieses Uebergangs in einer Achtserklärung des
ältern Pfalzgraven zu finden geglaubt. Daju mußte ihnen
nun Aventin(g) helfen, der folgendes, ohne das Jahr zu
melden, erzählet: *Sub idem tempus Fridericus Caesar ex bi-
bernis*

(e) Welches die Schönauische Urkunden bey Gudenus l. c. n. LXIX
und LXX, p. 159-164.

(f) Heinrich führte zwar, nachdem er die Pfalz seinem Sohne abgetretten gehabt, den Titul eines Pfalzgraven bey Rhein, bis an
sein Lebensende, woraus Herr Colini im precis de l'histoire Pal.
Introd. p. LXVII auf eine sonderbare Art beweisen will, daß er
sich noch immer als einen Pfalzgraven bey Rhein geriren wollen,
und er wider Willen der Pfalz entbehren müssen. Daran hatte
Scheid nicht gedacht, als er bewieß, daß die Achtserklärung
desselben ein Mährlein seye. Er führte aber auch den Titul eines
Herzogen von Sachsen. Was folgt dann daraus?

(g) Annal. Boior. L. VII, cap. III.

F

bernis Francofordia egreditur, Boiariam petit, Reginoburgi celebrem Imperii conventum agit. Frequentes Principes coeunt. Denuo in verba novi Principis iurant Ludovicus Boiariae rector ab eo Rhenanum Ducatum, quem Palas vocant, officii ac singularis obsequii ergo impetravit atque in fidem accepit: quippe pietate omni Caesari satisfecit & ob merita obsequii a parente, avo Friderici praestita tantum commeruit principatum. Ludovicus a Rhenanis recipitur, Agnetem filiam Hainrici praesecti Rhenani fratris Imperatoris Ottonis Augusti, cum ille tum absque liberis obiisset, filio suo Ottoni despondet. Id factum esse anno Salutis restitutae MCCXV diploma Friderici Caesaris indicat &c. Diese ganze Stelle, worinnen Wahres und Falsches gemischt ist, besaget nichts ausdrückliches von einer Achtserklärung Heinrichs von Braunschweig, welche auch sonsten kein einziger älterer und glaubwürdiger Schriftsteller bezeuget. Wohl aber läßt sich eine Belehnung des Herzogs von Bayern mit der Pfalz daraus entnehmen. Dieses soll im Jahr 1215 geschehen seyn, aber es hatte Ludwig schon ein Jahr vor der Acheserklärung Heinrichs sich als einen Pfalzgraven geriret. Ist es verdrüßlich, den Glauben derjenigen mit Gründen zu bestreiten, welche keinen Grund des Glaubens haben wollen, und sich lieber mit Mährlein, als wahren Geschichten vergnügen, so erfordert es doch die Schuldigkeit der Geschichte, den Zweifeln derer zuvorzukommen oder zu begegnen, deren Geschäfte es nicht ist, jede Wahrheit zu prüfen. Daß Agnes, die sonsten als die Tochter eines Aechters wenigstens am Rhein nichts zu erben gehabt

ha-

haben würde, dennoch eine Erbin Rheinpfälzischer Güter
gewesen, lehret die schon vorangeführte Urkunde vom Jahr
1214. Daß sie aber auch das Köllnische Lehen der Burg
Staleck und Stadt Bacharach als ein Erblehen besitzen können, wird man nicht zweiflen, wann man auf die Urkunde
vom Jahr 1189 zurücksiehet, wodurch dieses Lehen auf ihre
Grosmutter Irmengard und Mutter Agnes ausgedehnt worden. Eben diese Eigenschaften hatten die Wormsische Lehen;
und die von dem Stift Lorsch rührende und mit dessen Vogtey verknüpfte Lehen waren schon dem Pfalzgraven Konrad
von seiner Gemahlin Irmengard von Henneberg zu-
gebracht worden (h). Damit stimmt *Andreas* Ratisbonen-
sis

(h) Der Pfalzgräbin Irmengard Schwester war nach der Urkunde
ihres Eydams Pfalzgrav Heinrichs in Cod. dipl. Schonaug n.
XX, 1196 p. 50 Liutgardis, Pfalzgräbin zu Sachsen von Som-
merseburg, Gemahlin des letzten Pfalzgraven Albrechts aus dem
Sommerseburgischen Hauß, siehe **Meiboms** Chron. Marienthal.
in scriptt. T. III p 252 und 254, Origg Guelf T. III, l c. p.
186 not. wo aus Chron. Henneb. p. 92 eine Urkunde angeführt
wird vom Jahr 1159 worin Grav Poppo von Henneberg beyde
Pfalzgräbinnen seine Schwestern nennt. Daß aber diese Graven die Vogtey des Fürstlichen Stifts Lorsch vor Pfalzgrav Konraden besessen, erhellt aus dem Chron. und dipl. Laurich vor
dem Jahr 1156. Wunderbar demnach ist es, daß nach dem
Tod des jungen Pfalzgraven Heinrichs der junge König Heinrich
mit der Stiftsvogtey beliehen worden; siehe die Urkunde in Cod.
dipl. Schonaug. vom Jahr 1229 n. LXXI p. 164 sq. Es ist bekannt,

ſis (i) überein:. *Otto filius Ludovici Ducis Bavariae , filiam Heinrici Comitis Palatini Rheni duxit uxorem,, & principatum eius obtinens,, Haydelberg & omnia ipſius hereditarie poſſedit.* Würde man einwenden,. daß dieſer Schriftſteller zu jung ſeye,. um von einer ſo entfernten Geſchichte die Warheit zu zeugen, ſo mag. ein ein. gleichzeitiger und vorzüglich ſorgfältiger Ge= ſchichtſchreiber, Albericus, dieſelbe unläugbarer machen. Dieſer ſchreibt zu Ende des Jahrs 1238 (k): *Archiepiſcopus Moguntinus pro Abbatia de Lauriſſa contra Ducem Bavariae Ottonem qui per uxorem ſuam erat magnus Comes de Rheno,. guerram habebat, & expugnabat oppidum Walebuſe.* Hic Otto *fuit de matre Alberti Boguenarii Regis Hungariae neptis* Eben derſelbe ,. da er in dem letzten. Jahr ſeiner Chronick (l) die Töchter. Herzog Heinrichs ll von Brabant nebſt ihren Ge= mahlen, und beſonders die Mariam,. Gemahlin Ludwigs des ſtrengen erzehlen will , ſagt, obwohl mit Verwirrung, des Nahmens des Pfalzgraven: *Alteram Otto* (ſoll heiſſen Lu- dovicus) *Dux Bavariae, qui per matrem ſuam* (Agnes, Ot- tonis Gemahlin) *factus eſt magnus Comes Palatinus de Rheno.*

So

kannt, daß ſich die Stifter um dieſe Zeit von ihren Erbvögten unter dem Schutz Kayſer Friedrichs ll zu befreyen geſucht. Aber es ſcheint auch, daß Pfalzgrav Otto ſeine Rechte wieder zu be= haupten geſucht habe, woraus der Krieg mit dem Erzbiſchof von Mainz im Jahr 1238 entſtanden:

[i] In Kulpiſii ſcrippt Germ. p. 30.
[k] In Leibnitz Acceſſ. hiſtor. T. ll, P. ll, p. 568.
[l] L. c p. 578.

So wichtig und ungebraucht dieses doppelte Zeugniß eines glaubwürdigen Schriftstellers ist, eben so schätzbar ist es auch durch den der höchsten Würde unserer Pfalzgraven und der Idee, so man in dem 11ten und 12ten Jahrhundert davon hatte, angemessenen Ausdruck *MAGNUS COMES PALATINUS DE RHENO*, Großpfalzgrav bey Rhein. Ich übergehe die Zeugnisse anderer jüngern Schriftsteller (m), welche sonsten, da sie sich insgemein auf ältere Denkmahle beziehen, angezogen werden, und der Wahrheit ein Gewicht geben dürsten. Man könnte inzwischen aber die Belehnung des Herzogen Ludwigs I mit der Rheinpfalz, als das Hauptfundament dieses Uebergangs derselben, auf das Bayerische Haus ansehen und glauben, daß die Vermählung erst nachher dazu gekommen, und das Recht der Herzoge auf die Pfalz versichert habe. Allein gleichwie solches mit den obenangeführten Zeitumständen sich nicht reimen will, so kann uns auch eine Urkunde des Klosters Schönau vom Jahr 1216 belehren (n), daß der Vater mit dem Sohne mitbelehnt worden, und die erste Belehnung also auf beyde gegangen seye. *Postmodum*, sagt jener, *autem & nos una cum precordiali unigenito nostro eandem Palatiam adepti.* Da die neue Erwerbung der Pfalz auf dem Leben der jungen

Prin=

---

[m] Siehe dieselbe in **Pfeffingers** Vitr. illustr T. I, Lib. I Tit xi: p. 963 a. Noch gehört aber zu den ältern der monachus Weingartensis in **Leibnitz** scriptt. T. I, p. 805.

[n] Cod. dipl. Schonaug. l. c. n, xxxix, p 97.

Prinzeßin und Erbin, so wie ihres Bräutigams, des einzigen Bayrischen Prinzen Otto, bestanden haben würde, so ward durch die Vergünstigung des Kaysers der Vater mit dem Sohne und dessen Braut mitbelehnt, und dadurch entstehenden Falls wegen der Erbschaft der Pfalz gesichert. Indessen führte ermeldter Herzog die vormundschaftliche Regierung nahmens seines Sohns, bis solcher den 14 May 1228 wehrhaft gemacht wurde. Noch in dem Jahre 1225, da die Vermählung zwischen jenen vollzogen worden seyn soll, ließ sich Herzog Ludwig sowohl als seine Mündlingin, und Gemahlin seines Sohns, von dem Bischof zu Worms für sich und ihre männliche Erben mit dem Schloß und der Stadt Heidelberg, wie auch der Grafschaft Stalbühel belehnen; zu einem offenbahren Beweiß, daß dieses Lehen von der Agnes, und durch sie an Bayern kame. H. Ludwig von Bayern konnte sowohl Kraft der Mitbelehnung als vermöge der Vormundschaft den Titel eines Pfalzgraven führen, den er jedoch mit der Pfalzgravschaft im Jahr 1228 wieder niederlegte. Denn es fehlt nicht gänzlich an ähnlichen Beyspielen (o).

Grav

(o) Die Geschichte K. Otten des III zeiget, daß Heinrich Herzog in Bayern als der nächste Agnat die Vormundschaft und Reichsregierung zu führen sich berechtiget hielt, ja daß er nach der Weise des Griechischen Hofs, weilen doch die Mutter des jungen Kaysers, Theophania, alles Griechisch haben wollte, mit der Eigenschaft eines Vormunds auch die Würde eines Mitregenten oder Collegen des Reichs annehmen wollte; welches ihm aber nicht glückte

glückte, Chronogr. Saxo unterm Jahr 983 und 984. So durfte
Odo Grav von Paris tutor regis und provisor regni die Krone
tragen; *Albericus* ad an. 894 Auch die teutsche Königsgeschichte
liefert in K. Philipp als Vormund des jungen schon erwählten
Königs Friedrichs II ein Beyspiel, wie dringende Umstände erforderten, daß der Vormund selbst die Königliche Würde annahm;
siehe Conr. Vrsp. in desselben Geschichte. Doch da diese Beyspiele Einwendungen leiden, so berufe ich mich nur auf das Beyspiel Ottens von Verdun, der ohngeachtet er nur Vormund des
jungen Heinrichs, eines Sohns des 939 gebliebenen H. Gisel-
berts in Lothringen war, dennoch das Prädicat eines Herzoges
in Lothringen führte; f. *Calmet* hist. de Lorr. T. II, prob. p. cxc ed.
nov. **Pfeffingers** Vitr. illustr. T II, p. 257. Als Pfalzgrav Hart-
wigin Bayern im Jahr 1028 mit Verlassung eines unmündigen
Sohnes starb, so ward Poso von Rota, Hartwigs Bruder, Vormund; und er führte sowohl als sein Sohn Pfalzgrav Cuno, praeses
aulicus den Titel eines praesidis oder Pfalzgraven. Siehe Origg.
Boicae P. II, L. IX L. II, cap. II, III, p. 112 sq. in Vergleichung mit der Legenda vetusta in mon. Rotenf. in den Monum.
Boicis vol. I, p. 348. Als Herzog Konrad von Worms im
Jahr 955 mit Hinterlassung eines 7 bis 8 jährigen Prinzen des
nachherigen fränkischen Herzogs Otto von Worms geblieben
war, so muß dieser einen Vormund gehabt haben. Ich finde
aber seitdem, daß sein Vetter Udo, mütterlicher Großoncle des
Bischofs Ditmar von Merseburg, welcher im Jahr 982 geblieben, das Prädicat eines Herzogs geführt, und muthmasse daraus, daß ihm solcher Titel von der geführten Kuratel eigen geblieben. **Ditmars** Chron. L. III, p. 346 und Origg. Guelf. T.
IV, p. 289.

der Pfalz am Rhein vorgestanden, und den Titel eines
Pfalzgraven bey Rhein geführt, wird von den Pfälzischen
Scribenten für einen Administrator der Pfalz währender
Minderjährigkeit Wilhelms, obwohl nicht aus den besten
Gründen, ausgegeben. Wie können also diejenige, so ihnen
beypflichten (p), Herzog Ludwigen von Bayern, als den
eigentlichen Erwerber der Pfalz, blos aus der Ursache angeben,
weilen er das Predikat eines Pfalzgraven bey Rhein geführt.
Herr Regierungsrath und Professor Wedekind der jüngere
zu Heidelberg, dessen Aufmerksamkeit auf meine in Ansehung des Uebergangs der Pfalz an das Durchleuchtigste Haus
Bayern ehedem geäusserte Meinung ich übrigens geziemend
erkenne, hat zwar in einer eigenen Dissertation (q) durch
Vergleichung der Zweifels=und Entscheidungs=Gründe die
Sache dahin aburtheilen wollen, daß die Pfalz am Rhein
nicht durch die Vermählung der Erbprinzessin Agnes mit
dem Bayrischen Erbprinzen Otto dem Erlauchten ihme zu
Theil geworden, sondern K. Friedrich II dieselbe nach vor-
hergegangner Achtserklärung Pfalzgrav Heinrichs des ältern,
die

(s) Als Herr *Colini* in der Introd. zum precis de l'histoire Palat. p.
LX. Er macht ihn gar zu einem Schwäbischen Pfalzgraven;
doch man darf nur das Chron. Laurish. lesen, ohne eine Menge
Urkunden anzuführen.

(t) Diff. inaug de Ottone illustri terras Palatinas iure & matrimo-
nia Agnetis non acquirente Heidelb. 1767.

(die doch billig unter die Legenden zu zählen ist (r) willkühr-
lich Ottens Herrn Vatter, Herzog Ludwigen von Bayern
vergeben habe (s). Allein der Entscheidungs Grund, daß der
K. Friedrich II den Pfalzgraven und Herzogen Ludwig al-
leine im Jahr 1219 mit der Bergwerksgerechtigkeit in terris
patrimonii & feudi sui belehnt, daraus die Erwerbung
Herzog Ludwigs erhelle, trift die Sache nicht, indeme aus
obigen Worten schon begreiflich ist, daß diese Belehnung nicht
auf die Pfalz, sondern auf Bayern gehe; indem der Agnes
doch wenigstens die Allodialerbschaft, terrae patrimonii, nicht
ab und Herzog Ludwigen zugesprochen werden mögen. Sagt
dieser nicht selbsten im Jahr 1214, daß jene die wahre Erbin solcher Güter seye? Der alte Bayerische Secretarius
Köllner (t) hat daher diese Urkunde dem Herzogthum Bayern

(r) Scheid in Origg. Guelf. T. III, L. VII § 29 p. 218 sagt: Vana
  & inania sunt, quae de proscriptione Henrici Palatini vulgo
  circumferuntur, neque vel unicum veterem auctorem ha-
  bent — Nunc caetera, prout illa ductu documentorum nostro-
  rum certa esse iudico, addenda sunt, ut inveterata illa proscrip-
  tionis fabula penitus explodatur.

(s) Wie hoch K. Friedrich den alten Pfalzgraven auch nachher, und
  wegen dem ihme ausgelieferten Reichsinsignien gehalten habe,
  kann man auch nur daraus erkennen, daß er ihn zu seinem Legaten oder Kayserlichen Vikarius in Sachsen bestellt, welche Würde er bis an sein Ende den 28 April 1227 bekleidet hat; Siehe
  Origg. Guelf. l. c. p. 225. sq. in der Anmerkung.

(t) In der Stamm und Erbfolge des Hauses Pfalz ꝛc. p. 3 wo er
                          G   - auch

ern geeignet; und der scharffichtige Köhler (u) lehret eben=
falls, daß sie nicht von der Pfalz zu erklären seye. Aber es
wird auch eingewendet, daß wenn Herzog Ludwig seinem
Herrn Sohn die Pfalz in Rücksicht auf dessen Volljährigkeit
abgetretten hätte, so hätte solches im 18 oder 25 Jahr seines
Alters geschehen müssen. Ich habe aber aus vielen gleichzei=
tigen Schriftstellen (x) gelernt, daß Otto auf Pfingsten 1228,
welche Zeit vollkommen mit dem Antritt seiner Regierung
übereinstimmt, von seinem Herrn Vater, dem Herzog, wehr=
haft gemacht d. i. für völlig majorem erklärt worden. Es
trift diese Handlung in das 21 Jar seines Alters ein, wel=
ches nach dem Alemannischen Lehenrecht zur Endigung der
Kuratel erforderlich war (y). Ich überlasse unsern Lesern,
ob

---

auch meldet, daß dieser Lehenbrief in dem Regijter der Regalien
des Herzogthums Bayern regijtrirt seye.

(u) In der Münzbelustigungen III Th. 6 Stück; worinnen ich ihm
auch gefolget bin in den Gedanken von dem Pfälzischen Münzre-
gal § 7, p. 28.

(x) Chron. Salisb in Pez scriptt. Austr. T. I, p. 353. Auct. inc.
Chron. Bav. bey ebendemselben l c. T. II, p. 76. Chron. Ad-
montenfe; l. c. p. 197 Chvon. Augull. in Frehers scriptt.
Germ. edit. Struv. T I, p. 521 Joh. Staindel Chron. in Oefele
scriptt. T. I, Aventin l. c. p. 632 läßt sogar auch erst in diesem
Jahr die Vermählung vollziehen, welches wahrscheinlich werden
könnte, weil Agnes ihm das Jahr darauf den erjten Sohn Ludwig gebohren.

(y) Siehe Cod. iur. feud. Alem. cap. I., § 5, p. 26 edit. Schilteri
und deffen Comment. p. 237 oder auch nur Reinmerich de
maiori principum aetate § VII, p. 8.

ob noch Zweifel übrig seyn können, welche nicht durch die
angeführte Beweise ihre Erledigung finden.

§ 10

Ist es demnach ein besonderer Vorzug, welchen die
Kayser den zu Herzogen erhabenen Markgraven von Oester=
reich im Jahr 1156 und abermals im Jahr 1235 dem neu=
en Herzogen von Braunschweig [z] ertheilt, daß auch diese
Fürstenthümer auf Töchter auf erfolgten gänzlichen Abgang
des Mannsstamms forterben sollten; nimmt man wahr,
daß auch andere grosse Herzogthümer in ältern Zeiten eine
Art Weiberlehen gewesen, und jene neue Herzoge keine
ganz neue Rechte erhalten, so darf man noch weniger zwei=
flen, daß eben diese Erbfolge der Rheinpfalz eigen seye. Ist es
nöthig, in einer vor sich redenden Sache mich des Ansehens
der grösten Geschichts= und Staatsrechtsverständigen zu be=
dienen? Es seye mir genug, den einzigen Marquard
Freher, diesen berühmten und tapfern Verfechter der
Pfälzischen Würden und Gerechtsamen, einen Brun=
ner

(z) Scheid kann sich in Origg. Guelf. T. IV p. 52 in der Anmer=
kung zu dem Braunschweigischen Fürstenbrief nicht enthalten zu
sagen: *Quae cum ita sint, nescio quid in mentem venerit novel-
lis cuibusdam iuris publici Doctoribus (ita enim appellari amant)
publice contendentibus, causas se habere dubitandi, num Ducatus Brunsuicensis & Luneburgicus feudi feminini naturam hodie
habeat. Provocant ad litteras clientelares — Sed bi — didicerint
fere &c.* Doch man lese ihn selbsten.

ner und fürtreflichen **Pfeffel** [f] zu nennen.

Jeder Patriot aber wünsche mit mir, daß in dem Pfalz-
Birkenfeldischen Heldenzweig sich der älteste, edelste und
würdigste Bayrischpfalzgrävliche Fürstenstamm verneuen,
und aus Ihm wieder herrliche Zweige herfürgehen, unter
deren Schutze Völker stets glücklicher wohnen. Schon ver-
kündigt die frohe Morgenröthe des 17ten Jenners, an welchem aus diesem erhabenen Haus eine Fürstin, zur Freude
eines Königlichen Gemahls und zum Segen der Sachsen,
herfürgehet, daß die Vorsicht des Himmels auch die Wohlfahrt der Pfälzer in dem Stamme der Durchleuchtigsten
Pfalzgraven verewigen wolle.

(e) In Origg. Pal. P. I, cap. XI und XII, wie auch in dem Recepisse auf
Gewolds monitoriam in Repraef. reip. Germ. p. 488-595 And.
Brunner S. I. in Annal. Boic P. III, L. III, edit *Leibnit.* p. 164. b.

(f) Er erklärt in dem Abregé de l'hist. & du Droit public d'Allemagne p. 152 die Erblichkeit der Pfalzen: *La raison parait en être que
les terres des Comtes Palatins étant pour la plûpart allodiales
elles passoient aux heritiers civils du defunt: Or les Fiefs qui
accompagnoient la dignité Palatine n'étoient pas assez considéra-
bles pour qu'un Comte Palatin, qui aurait été privé des allodiaux
de son predecesseur, eut pû soutenir l'éclat de son rang. Cette
raison n'a pû manquer de rendre le Palatinat parfaitement heredi-
taire, longtems avant que les Duchés le fussent devenu; d'ailleurs
il n'y a jamais eu dans les terres Palatines des Etats provinciaux
qui ayent pus arroger quelque part à la nomination de leur Maitre.*

www.ingramcontent.com/pod-product-compliance
Lightning Source LLC
Chambersburg PA
CBHW021635270326
41931CB00008B/1028